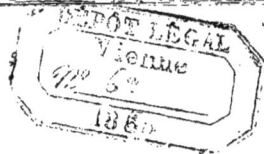

DES

SOCIÉTÉS PARTICULIÈRES

En droit romain,

DE LA

SOCIÉTÉ EN COMMANDITE

En droit français.

THÈSE

PRÉSENTÉE A LA FACULTÉ DE DROIT DE POITIERS

POUR OBTENIR LE GRADE DE DOCTEUR

et

SOUTENUE LE SAMEDI 7 JUILLET 1860, A 2 HEURES 1/2 DU SOIR

DANS LA SALLE DES ACTES PUBLICS DE LA FACULTÉ,

par

AMÉDÉE DUPERRON

Né à Poitiers.

POITIERS

TYPOGRAPHIE DE HENRI OUDIN

RUE DE L'ÉPERON, 4.

1860

COMMISSION :

M. LEPETIT, PRÉSIDENT.

SUFFRAGANTS :
{
M. PERVINQUIÈRE ✳ (ABEL).
M. FEY ✳.
M. RAGON.
M. DUCROCQ.
}
Professeurs.

Agrégé.

C.

Vu pour M. le Doyen,

Vu par le Président de l'acte public,   *Le Professeur délégué,*

LEPETIT.   H. GRELLAUD ✳.

« Les visa exigés par les règlements sont une garantie des principes et
» des opinions relatives à la religion, à l'ordre public et aux bonnes mœurs
» (Statut du 9 avril 1825, art. 41), mais non des opinions purement ju-
» ridiques, dont la responsabilité est laissée aux candidats. »

« Le candidat répondra en outre aux questions qui lui seront faites sur
» les autres matières de l'enseignement. »

INTRODUCTION.

On est trop pénétré de nos jours des avantages du contrat de société pour qu'il ne soit pas superflu d'entrer dans des détails sur son utilité ; le développement de l'association a pris une extension si considérable que l'initiative individuelle est tombée au second rang dans le monde des affaires. Les fortunes particulières s'effacent pour abandonner aux réunions de capitalistes l'exécution des grands travaux d'utilité publique. Docks , chemins de fer, canaux dont on dote le pays , entreprises de banques , d'assurances, de forges et de transports , tout se fait par association , parce que les capitaux individuels abandonnés à leur propre force sont insuffisants pour répondre aux besoins de l'industrie actuelle. Et mieux à notre époque qu'à toute autre , il faut reconnaître la sagesse contenue dans ces paroles que Savary plaçait au frontispice d'un livre qu'il destinait à guider les commerçants dans la pratique des affaires. « J'ai estimé , disait-il , qu'avant de » conduire les jeunes gens dans le commerce, s'ils voulaient

1

» s'adonner à cette profession, et leur donner des maximes
» pour s'y bien conduire, il était nécessaire de parler des
» sociétés, parce qu'il est très-difficile de faire le commerce
» sans joindre plusieurs forces ensemble [1]. »

Notre code de commerce reconnaît, outre l'association en participation, trois espèces de sociétés, qui correspondent à des situations diverses et savent se plier aux mille combinaisons que nécessite la variété des négociations commerciales et des entreprises industrielles.

A celles qui exigent l'ensemble de vues, la conformité d'idées, de caractère et de sympathies, la loi offre la société générale ou en nom collectif. Tous les associés guidés par un même intérêt participent à l'administration intérieure ou extérieure de la société et sont indéfiniment responsables à l'égard des tiers.

Une autre combinaison s'applique aux affaires qui exigent beaucoup de capitaux, et dont les avances sont au-dessus des ressources d'une seule et même de deux ou trois fortunes particulières. C'est la société anonyme qui constitue plutôt une réunion de capitaux qu'une association de personnes. La gestion concentrée dans quelques mains est confiée à des individus qui peuvent être étrangers à la société et qui ne répondent point de ses engagements à l'égard des tiers. Toute individualité disparaît, toute responsabilité particulière cesse.

Enfin la société en commandite s'applique aux affaires moins importantes, mais pour lesquelles il faut cependant à l'industrie qui manque d'argent une certaine mise de fonds. L'activité et la responsabilité individuelle reparaissent; la

---

[1] SAVARY, *Parfait négociant*, livre I, ch. 2.

gestion est confiée à des associés indéfiniment responsables à l'égard des tiers comme dans la société collective, les autres associés forcés de demeurer étrangers à la gestion ne sont engagés que jusqu'à concurrence de leur mise comme les membres d'une société anonyme.

Ce dernier genre de société est assurément l'une des plus heureuses applications du principe d'association; car il offre aux capitalistes qui s'y versent et à l'industrie qui sait s'en servir des avantages incontestables et frappants. Les détenteurs de fonds y trouvent un moyen de participer aux bénéfices de commerce sans risquer dans une entreprise leur fortune et leur liberté; les industriels, au contraire, qui n'offrent aucune sûreté pour un prêt d'argent, y puisent des ressources pour mettre à exécution des plans et des opérations lucratifs en associant aux chances de bénéfices qu'ils peuvent espérer, ceux qui leur avancent leur numéraire.

Comme les autres sociétés commerciales, la commandite n'est qu'une société particulière soumise à ce titre aux principes généraux qui régissent la formation, le commencement et la fin des sociétés. Mais d'un autre côté les dispositions spéciales des lois et des usages du commerce viennent régler ses effets particuliers et lui donner un caractère propre qui la fait différer essentiellement des autres.

C'est surtout au point de vue de l'histoire que cette distinction offre de l'importance. En effet, les principes généraux auxquels obéit la commandite comme société particulière ont pris naissance à Rome pour trouver place dans le Code Napoléon, après avoir traversé notre ancienne jurisprudence, sans subir de grandes modifications. Au contraire, les dispositions législatives qui viennent régler les effets particuliers de la commandite sont le produit des usages commerciaux par lesquels ils ont été aussi modifiés suivant les temps, et ont trouvé leur consécration dans le code de commerce ou les lois particulières qui l'ont suivi.

La connaissance des règles civiles nécessite donc l'étude des lois romaines qui régissaient les sociétés particulières, ce sera l'objet de la première partie de notre matière. Nous consacrons la seconde à l'examen de l'ensemble des dispositions qui régissent actuellement la commandite, sans distinction de celles qui peuvent lui être communes avec les autres ou qui peuvent lui être spéciales, en ayant soin de faire précéder cet examen de l'exposition de l'origine des principales modifications que la coutume universelle des commerçants est venue apporter aux principes romains en matière de sociétés.

DROIT ROMAIN.

DES SOCIÉTÉS PARTICULIÈRES.

I.

On distinguait à Rome deux genres de sociétés : les sociétés universelles et les sociétés particulières. Ces dernières étaient d'un emploi beaucoup plus fréquent que les premières et s'appliquaient aux entreprises les plus importantes et aux négociations les plus variées. On s'associait pour les opérations du commerce intérieur ou extérieur, de terre ou de mer, pour l'achat et la vente des denrées et des esclaves [1], pour des acquisitions de terrains et des entreprises de constructions [2], pour spéculer sur la revente des immeubles. Les grands comme les petits intérêts trouvaient place dans les associations. Paul nous montre deux grammairiens qui mirent en commun leurs talents pour partager les bénéfices de leurs leçons [3]; ailleurs

[1] *Inst. de Societate princip.*
[2] 52, § 7, D. *Pro socio.*
[3] 71, D. *Eod. Tit.*

c'est un comédien célèbre qui contracte société avec le maître
d'un esclave pour enseigner à ce dernier l'art dramatique
pour lequel il montre des dispositions et participer ensemble
aux profits qu'il pourra produire. Les opérations de banque
se faisaient par société[1]; il en était de même des fournitures
des armées[2], de la ferme des impôts et des revenus publics.
En un mot, toute opération qui pouvait faire l'objet d'une
convention ordinaire pouvait se traiter par association. Il s'en-
suivait donc que la liberté des parties ne pouvait pas aller
jusqu'à prendre comme objet du contrat une chose illicite,
ou un fait réprouvé par la loi; *generaliter enim traditur*, disait
Ulpien, *rerum inhonestarum nullam esse societatem*[3].

Le but essentiel que les parties se proposent d'atteindre en
se mettant en société est de faire un bénéfice commun pour
le partager ensuite; aussi les jurisconsultes romains rejetaient-
ils toute clause qui aurait eu pour objet de favoriser outre
mesure l'une des parties au détriment des autres. Une répartition équitable des bénéfices et des pertes est inhérente à la
société : sans cela elle devient le plus inique des contrats, *ini-*
quissimum genus est societatis.

Ainsi, l'on ne pouvait contracter une société sous la condition que l'un des associés aurait le profit et que l'autre sup-
porterait les pertes; ou bien encore, que l'un des contractants
prendrait à sa charge une part des dettes sans partager les
bénéfices[4]. Il n'en était plus ainsi de la convention en vertu
de laquelle un associé aurait eu droit à une part dans les bé-

---

[1] 52, § 5, *Pro socio.*
[2] 52, § 4, *Eod. Tit.*
[3] 57, *Eod. Tit.*
[4] 29, § 2, D. *Eod. Tit.*

néfices différente de celle qu'il supportait définitivement dans les dettes. L'opinion des jurisconsultes qui la considéraient comme valable avait fini par prévaloir à cause des inégalités qui peuvent exister dans la personne des associés à l'avantage ou au préjudice de la société. On allait même jusqu'à permettre d'attribuer à l'une des parties une part dans les bénéfices en la dispensant de contribuer aux dettes [1]; en observant toutefois que, dans ces deux dernières hypothèses, pour calculer les bénéfices et les pertes dont le partage avait été ainsi fixé, il fallait faire une masse de toutes les pertes pour l'opposer à celle des bénéfices, de façon à n'opérer la division convenue que sur le résultat définitif de l'opération, en appliquant la convention des parties pour la détermination des pertes, si ce résultat était défavorable, et la clause qui réglait le partage du gain, si les affaires sociales avaient prospéré.

A défaut d'une fixation dans les parts qui fût faite par les parties, la plus stricte égalité devait présider à la distribution du gain ou de la perte : *Si non fuerint partes adjectæ, æquas esse constat* [2]. On ne connaissait pas à Rome le partage proportionnel aux mises. Toutes les fois que les jurisconsultes romains ont voulu parler d'un partage égal entre certaines personnes, ils se sont servi des expressions qui se trouvent dans le texte que nous venons de citer, pour exprimer une égalité absolue, un partage par parts viriles [3].

Enfin les droits des parties dans les bénéfices et les pertes pouvaient être fixés par une tierce personne dont l'avis

---

[1] Inst., § 2, *De Societate.*

[2] 29, D. *Pro socio.*

[3] Lois 6, 76, D. *Pro socio,*—8, *De rei vindicatione,*—7, § 2, *De rebus dubiis,*—23, *Ad. Stum Trebellianum,*—15, § 18; 40, § 4, *De damno infecto,*—5, § 2, *De Solutionibus.*

ne devait être suivi par les associés qu'autant qu'il n'était pas évidemment contraire à la bonne foi et à l'équité, car, dans ce dernier cas, la décision de la personne choisie par les parties pouvait être réformée par le juge et ramenée à l'équité [1].

Le contrat de société savait se plier à tous les modes et pouvait être affecté de toutes les conditions que l'on avait l'habitude de rencontrer dans les autres conventions; ainsi son existence pouvait être subordonnée à une condition suspensive ou résolutoire, et son exécution pouvait être différée jusqu'à un certain terme.

Remarquons, du reste, qu'aucun signe extérieur n'était nécessaire pour la validité du contrat. Le droit civil reconnaissait comme obligatoire le consentement des parties, quelle que fût d'ailleurs la manière dont il avait été manifesté, par paroles ou par lettres, ou même encore par l'exécution de certains faits qui révélaient d'une manière certaine la pensée qu'avaient eue les parties de se mettre en société.

Chaque associé devait mettre en commun certains objets destinés à former un fonds social, c'était une condition essentielle de l'existence du contrat : « *Nulla sit societas,* disait » Doneau, *ubi nulla intervenit rerum collatio, aut communi-* » *catio mutua* [2]. » Mais il n'était pas nécessaire que l'apport de chacun fût de la même nature. Le choix des parties pouvait s'adresser à cet égard aux choses les plus différentes, pourvu qu'il portât sur une de celles qui pouvaient servir d'objet à une convention ordinaire. Ainsi les mises pouvaient consister dans une somme d'argent, dans un immeuble, des objets mobiliers ou des créances. D'autres associés pouvaient

[1] Cujas, ad leg. 77 et 79, *Pro socio.*
[2] Doneau, liv. XIII, chap. 15, § 3.

se contenter de mettre en société leur simple industrie, car souvent l'habileté, l'expérience et le savoir-faire d'une personne sont aussi profitables à une société qu'un apport pécuniaire ou appréciable en argent. Seulement, bien que le contrat de société fût parfait par le seul consentement des parties, la propriété des mises résidait toujours sur la tête des associés qui les avaient promises, tant que ceux-ci n'avaient point abandonné aux autres, dans la proportion pour laquelle chacun d'eux était fondé dans les choses communes, tous les droits qu'ils pouvaient avoir sur la chose qui faisait l'objet de leur apport.

II.

Une convention spéciale attribuait ordinairement, et surtout dans les sociétés d'un personnel nombreux, le droit de gérer les intérêts communs à quelques-uns des associés. Dans ce cas les engagements contractés par celle des parties à laquelle le contrat avait donné le pouvoir de traiter pour les autres, ainsi que les bénéfices qu'elle pouvait faire, devenaient communs, pourvu qu'ils se rapportassent à l'objet que les contractants avaient eu en vue quand ils s'étaient unis. Toute opération faite par ceux qui n'avaient pas été investis du droit de contracter pour la société restait sans aucune influence à son égard.

Mais il était possible qu'aucune clause spéciale ne réglât la gestion de la société; dans ce cas, le contrat contenait forcément une autorisation à toutes les parties de gérer les biens et les intérêts communs, le tout dans une limite restreinte; car, du moment où l'une des parties venait à s'opposer à l'accomplissement d'un fait ou d'un changement qui regardait tout le monde, ce seul veto entravait l'affaire et l'empêchait de se réaliser.

Dans ces hypothèses différentes, il résultait des principes particuliers du droit romain sur la manière d'acquérir par autrui, et sur la représentation d'une personne par une autre dans les actes juridiques que, vis-à-vis des tiers, l'associé qui avait contracté se trouvait seul investi des droits et actions qu'il avait acquis. Ainsi, avait-il fait une acquisition avantageuse dans l'intérêt commun, lui seul était propriétaire selon le droit civil, avait seul le *dominium* et jouissait des avantages attachés à la qualité de propriétaire. De même, s'il avait fait une stipulation, c'était vis-à-vis de lui seul que se trouvait obligé le promettant, sans que les autres associés, demeurés étrangers au contrat, pussent venir lui demander l'acquittement de son obligation.

Mais si, d'un autre côté, le contrat de société venait produire ses effets entre les parties et au moyen de l'action *pro socio*, ceux des associés qui étaient demeurés étrangers au contrat se faisaient tenir compte par leur coassocié qui avait traité avec les tiers, de la chose qu'il avait acquise, en se faisant transmettre, chacun pour sa part, les droits qui pouvaient personnellement lui appartenir, soit comme propriétaire d'un objet corporel, soit comme créancier d'une obligation.

De même, au point de vue passif, comme une personne ne pouvait en engager une autre, celui des associés qui avait contracté avec les tiers se trouvait seul obligé à leur égard, sans que ceux-ci eussent quelque chose à démêler avec les autres associés demeurés étrangers à la convention. Seulement encore au moyen de l'action de société, celui qui s'était

engagé dans l'intérêt commun pouvait réclamer à ses coassociés ce qu'il avait payé au-delà de sa part.

Du reste, la rigueur du droit civil se trouva sur ce point,
comme sur bien d'autres, modifiéé par la jurisprudence et le
droit prétorien. Il parut, en effet, rigoureux de dégager de
toute responsabilité des individus qui pouvaient avoir profité
des engagements contractés par leur coassocié; de là, le droit
accordé aux tiers d'agir contre tous les associés, si l'acte qui
produisait l'obligation avait tourné au profit commun [1]. Mais
dans ce cas particulier, aucune solidarité n'existait entre les
différents membres de la société, chacun n'était tenu que
pour sa part et portion, sans que les tiers créanciers pussent
venir demander à un seul d'entre eux l'acquittement total
d'une obligation dont tous étaient tenus.

Cette obligation au prorata existait non-seulement dans l'hypothèse dont nous venons de parler, mais dans le cas même
où toutes les parties avaient contracté ensemble. Pour produire une obligation *in solidum*, il fallait une stipulation ou
tout autre mode créatif de solidarité; car le contrat de société
par lui-même, limitant ses effets entre les contractants, ne
suffisait pas pour les rendre solidaires des engagements sociaux.

III.

Nous avons vu précédemment que les jurisconsultes romains
rangeaient la société au nombre des contrats consensuels; il
fallait donc mettre au premier rang des causes qui pouvaient
entraîner sa dissolution, le consentement manifesté par les

[1] Loi 82, D. *Pro socio.*

associés de mettre fin à un état de choses qui ne leur plaisait plus. Ce n'était que l'application à une espèce particulière de la règle générale qui régissait l'extinction de toutes les obligations : *eæ obligationes quæ consensu contrahuntur, contraria voluntate dissolvuntur* [1].

Mais contrairement à la règle qui voulait qu'un contractant ne pût modifier à son gré une convention arrêtée entre les parties, la loi permettait à un associé de dissoudre la société en se retirant de l'association, *cum aliquis renuntiaverit societati, solvitur societas*. La nature de ce contrat, qui exigeait chez les parties des sentiments de bienveillance, d'estime et d'affection réciproques, se refusait à ce qu'une personne fût obligée de rester en société malgré elle. En restreignant à cet égard la liberté d'action des personnes, on se serait exposé à retomber dans les inconvénients qu'entraîne à sa suite le simple état d'indivision.

Cependant, bien que l'on ne demandât point à celui qui renonçait à la société les motifs de sa détermination, il fallait que sa renonciation fût faite de bonne foi et en temps opportun : *sine fraude et non intempestivè*. On considérait comme frauduleuse la renonciation que faisait un associé pour profiter d'une opération dont les bénéfices devaient être communs ; si par exemple une société avait été formée pour l'achat d'un objet quelconque, et que l'une des parties vînt à renoncer au contrat pour l'acquérir en son propre nom, sa renonciation était entachée de mauvaise foi et comme telle frappée de nullité [2].

La renonciation était intempestive dans deux cas différents.

[1] *Inst.*, liv. III, t. XXIX, § 4.
[2] 65, § 4, D. *Pro socio*.

Lorsque d'abord elle était faite avant le terme que les parties avaient fixé pour la durée de la société, à moins que le renonçant n'eût une juste cause qui motivât sa décision, comme son absence dans l'intérêt de l'état, ou l'impossibilité de s'entendre avec ses coassociés [1]. Enfin, l'on regardait comme faite à contre-temps la renonciation qui arrivait dans un moment où l'intérêt de la société s'opposait à sa dissolution. Si, par exemple, l'on renonçait à une société faite pour vendre des esclaves, dans un temps où ils n'avaient aucune valeur [2].

Dans ces deux hypothèses, la renonciation se trouvait pour ainsi dire frappée d'une nullité relative, l'associé renonçant n'était point libéré vis-à-vis des autres qui pouvaient le forcer à leur communiquer le bénéfice de l'affaire qui l'avait déterminé à se retirer de la société, tandis que ceux-ci pouvaient repousser l'action récursoire qu'il aurait pu vouloir intenter contre eux, si l'opération qu'il croyait tout d'abord avantageuse était tournée à son détriment.

La volonté des associés de ne plus rester en société pouvait se manifester de toutes manières ; par lettres, par messager, par paroles ou par l'exécution de certains faits au premier rang desquels il fallait placer la novation, soit qu'elle résultât d'une action en justice intentée par l'un des associés, soit que l'un d'eux eût, par exemple, stipulé de ses coassociés le remboursement de ce qu'ils pouvaient lui devoir, à raison de la société. Dans ces deux cas, la cause des obligations réciproques était changée, et il n'existait plus de société.

Ainsi donc la volonté demeurait la principale cause de la dissolution des sociétés, soit qu'elle émanât de toutes les

[1] 14, 16, *Pro socio.*
[2] 65, § 5, *Eod. Titul.*

parties, soit qu'elle fût exprimée par une seule avec les conditions que nous venons d'examiner. C'était encore par le même motif que la société qui avait été limitée par un terme ou qui n'embrassait qu'une seule affaire, prenait fin à l'arrivée de ce terme ou à la consommation de la négociation. Seulement, dans ce cas particulier, cette volonté était contemporaine de la constitution de la société elle-même, tandis que dans les autres hypothèses, elle était postérieure à cette même constitution.

Ajoutons que l'un des associés ne pouvait d'aucune manière se retirer de la société en vendant à une tierce personne sa part dans les biens communs. Car si cette même part n'était pas inaliénable et pouvait se transmettre à autrui, la cession ne faisait point sortir le cédant de la société, et ne le dégageait point de ses obligations vis-à-vis de ses coassociés. L'abandon qu'il avait fait de ses droits ne produisait aucun effet à leur égard, et le cessionnaire leur demeurait complétement étranger. Il en était de même de la convention par laquelle l'un des associés admettait une autre personne en participation de ses droits dans la société : *Socius mei socii, meus socius non est* [1].

La volonté des parties n'était pas la seule cause qui entraînait la dissolution du contrat de société, il pouvait se rencontrer certains événements qui produisaient cet effet, alors que les associés auraient voulu continuer leurs rapports sociaux. C'était d'abord la mort de l'une des parties, cause d'extinction particulière au contrat qui nous occupe, et fondée sur le motif que la société se forme en vue des qualités person-

---

[1] 20, D. *Pro socio.*

nelles et des aptitudes particulières des associés. Ce n'était pas du reste vis-à-vis du défunt seulement que la société se trouvait dissoute, c'était à l'égard de toutes parties, à moins qu'il n'eût été convenu lors du contrat de société qu'elle continuerait de subsister entre les survivants [1].

Les jurisconsultes romains s'attachaient avec une telle rigueur à cette cause de dissolution, qu'ils déclaraient nulle et sans effet la clause par laquelle il aurait été convenu que l'héritier de l'un des associés viendrait dans la société prendre la place de son auteur défunt [2]. Cette disposition se comprend, car en supposant qu'une pareille clause fût reconnue valable, il aurait fallu nommer dans la convention l'héritier que l'un des associés choisissait pour le remplacer dans la société lorsqu'il décéderait ; ce qui était contraire à la liberté de tester que les Romains considéraient comme si précieuse, puisque l'on fixait d'une manière irrévocable l'héritier d'un individu [3]. D'un autre côté si l'on avait dispensé celui qui stipulait sa représentation par son héritier, de le désigner d'une manière positive, on aurait forcé les autres associés de prendre dans leur compagnie, en bonne estime et confiance, un individu sans probité, sans ressources et sans considération, ce qui était essentiellement contraire à la nature de la société.

Il n'y avait d'exception à cette règle que dans les sociétés formées pour la ferme des revenus publics. Car l'intérêt de l'État exigeait qu'il fût permis aux personnes qui contractaient une semblable société, de stipuler qu'elles seraient rempla-

[1] 65, § 9, *Pro socio.*
[2] 59, 35, *Eod. Tit.*
[3] 52, § 9, *Eod. Tit.*
[4] 65, § 11, *Eod. Tit.*

cées par leurs héritiers, de façon à ce que l'existence de ces associations qui comprenaient un nombre considérable d'associés ne fussent point dissoutes par le décès de l'un d'eux.

Du reste, si les héritiers des associés n'étaient point associés eux-mêmes, ils succédaient aux droits et aux obligations qui pouvaient résulter des actes antérieurs à la dissolution ; chaque associé transmettait à ses héritiers sa part dans les bénéfices ou dans les pertes.

Ce n'était pas seulement la mort naturelle de l'un des associés qui dissolvait la société, il en était de même de la grande et de la moyenne diminution de tête qui pouvaient résulter, soit de la réduction à l'esclavage, soit de l'interdiction de l'eau et du feu, ou de la déportation. Ces changements d'état produisaient les mêmes effets que la mort naturelle : « *Intereunt homines*, disait Ulpien., *maxima aut media capitis diminutione.* » Mais il n'en était plus ainsi de la petite diminution de tête ; malgré cette modification dans l'état de la personne de l'un des associés, la société n'en continuait pas moins de subsister entre lui et les autres contractants.

On mettait encore au rang des causes de dissolution, la ruine complète de l'un des associés, ou l'abandon de ses biens à ses créanciers. Sans détruire la personne de l'individu qu'ils venaient frapper, de pareils événements le privaient de toutes ressources, et enlevaient à ses coassociés toute espérance de réaliser des bénéfices avec lui.

Enfin, la société se dissolvait par la destruction ou la perte de la chose qui avait fait l'objet du contrat: il ne pouvait plus y avoir de société pour une chose qui avait cessé d'exister ou qui était retirée du commerce ; le contrat eût été dépourvu d'objet.

IV.

A l'effet de forcer les associés à l'exécution des obligations réciproques résultant pour eux du contrat de société, la loi romaine donnait à chacun d'eux contre son coassocié une action particulière connue sous le nom d'action *pro socio*. C'était une action personnelle, de bonne foi, mais infamante, qui naissait directement de la convention et pouvait s'intenter indifféremment soit pendant la durée de la société, soit lors de sa dissolution. Au moyen de cette action on se faisait rendre compte par ses coassociés et communiquer proportionnellement à ses droits les immeubles, les créances, les fruits et profits de toute nature que chacun d'eux pouvait avoir acquis ou faits dans l'intérêt commun. En effet, ces acquisitions, quelle que fût leur nature, et alors même qu'elles étaient faites pour le compte de la société, demeuraient la propriété particulière de celui qui les avait faites tant qu'un mode ordinaire du droit civil n'était point venu la transférer sur la personne des autres associés, chacun selon la part qu'il pouvait avoir à prétendre dans les choses communes.

On se servait de cette action pour faire rapporter à la masse les intérêts dûs par celui des associés qui s'était servi de l'argent commun dans son intérêt personnel, pour faire réparer e dommage causé par le dol et la faute même légère de l'une des parties ; enfin, au moyen de cette action, chaque associé venait redemander aux autres, en faisant répartir sur tous les membres de l'association la perte résultant pour lui de l'insolvabilité de l'un ou de plusieurs des associés obligés envers lui, les dépenses faites pendant la durée du contrat dans l'in-

2

térêt social de quelque nature qu'elles fussent, les sommes qu'il avait payées à la décharge commune, ou les pertes qu'il avait subies sans sa faute en faisant les affaires de la société.

En dehors de l'action *pro socio* les associés avaient encore l'action *communi dividundo* applicable à tous les cas de communauté. Mais ces deux actions différaient essentiellement l'une de l'autre. L'action *pro socio*, comme nous l'avons dit plus haut, était une action personnelle, tendant à obtenir condamnation; l'action *communi dividundo* était, au contraire, une action mixte, tendant à obtenir adjudication à chacune des parties de la portion que le juge attribuait. En second lieu, l'action *pro socio* n'avait point pour but d'opérer le partage, mais seulement d'obtenir de chacun des associés l'exécution des obligations dont il était tenu; tandis que l'action *communi dividundo* avait pour but d'obtenir le partage et de faire cesser l'indivision. Enfin, ce qui n'avait point lieu pour l'action *communi dividundo*, l'action *pro socio* était infamante [1], et les associés ne pouvaient être condamnés les uns à l'égard des autres que jusqu'à concurrence de leurs facultés, à cause des sentiments de bienveillance et de fraternité dont ils devaient être animés les uns envers les autres.

L'action de société concourait avec l'action de la loi Aquilia, avec l'action de vol, si l'un des associés s'était rendu coupable, sur les choses communes, de faits auxquels la loi accordait la puissance de faire naître ces actions particulières, mais de façon cependant à ce que l'on n'obtînt jamais la même chose au moyen de deux actions différentes.

[1] Loi 1, D. *De His qui notantur infamia.*

DROIT FRANÇAIS.

DE LA SOCIÉTÉ EN COMMANDITE.

DES MODIFICATIONS APPORTÉES AUX PRINCIPES DU DROIT ROMAIN
EN MATIÈRE DE SOCIÉTÉ PAR LA COUTUME COMMERCIALE , ET DE
L'ORIGINE DE LA COMMANDITE.

Nous venons d'exposer les règles qui régissaient les sociétés
particulières chez le peuple romain. Mais ici, contrairement à
ce qui eut lieu pour les dispositions du droit civil proprement
dit, qui furent adoptées par presque tous les peuples qui le
remplacèrent, celles relatives au contrat de société changè-
rent complétement aussitôt que l'extension donnée aux affaires
commerciales par les peuples du moyen âge eut montré leur
insuffisance.

Nous avons vu que le contrat de société limitait essentiellement ses effets entre les parties qui s'étaient engagées, qu'un
associé n'avait pas le droit d'obliger directement ses coassociés, alors même que ceux-ci auraient manifesté l'intention
de lui en donner le pouvoir, et que dans les cas exceptionnels

où par extension cette action directe était accordée, elle ne frappait chacune des parties que pour sa part, sans solidarité entre elles, à moins que les associés ne se fussent servi d'un institeur commun ou n'eussent contracté ensemble, en se servant de la stipulation ou de tout autre mode auquel la loi accordait la puissance de créer une obligation *in solidum*.

Il est pourtant certain que si cette obligation solidaire de la part de plusieurs personnes aggrave leur situation pécuniaire, elle offre par là même des garanties plus rassurantes pour ceux vis-à-vis desquels elle est contractée et les rend plus faciles à se démunir de leurs capitaux en faveur de ceux qui viennent les leur demander en se rendant garants du paiement total sur leurs personnes et sur leurs biens. La première idée qui s'offrit donc au commerce, lorsqu'il eut besoin de crédit, fut de décider que tous les associés qui auraient contracté par eux-mêmes ou par l'intermédiaire de leur coassocié seraient tous tenus solidairement de l'acquittement de leur obligation.

On alla plus loin. — Dans le but de se procurer du crédit pour se livrer aux plus grandes opérations, les commerçants qui contractèrent une société lui donnèrent la plus grande publicité, signèrent ensemble leurs engagements commerciaux ou même donnèrent à quelques-uns d'entre eux le pouvoir de signer pour la société, en se servant d'un nom particulier composé de celui d'un ou de plusieurs associés, en convenant que l'opération signée de ce nom social par ceux qui auraient le pouvoir de l'employer serait pour le compte de la société.

Cette coutume nouvelle produisit une conséquence importante; ce fut, contrairement à ce qui existait en droit romain,

de poser la société vis-à-vis des tiers et des associés eux-
mêmes, comme un être collectif, une personne juridique,
distincte de ceux qui l'avaient contractée, ayant des biens, des
actions, un domicile particulier, contractant des dettes sous
le nom social et s'obligeant comme une personne naturelle.
Dès lors l'actif de la société fut dégagé des biens particuliers
de chaque associé pour devenir le gage des créanciers sociaux, à. l'exclusion de ceux des associés, qui n'ayant pas
plus de droits que leur débiteur lui-même, ne pouvaient y
rien prétendre, puisque celui-ci n'avait rien à demander des
biens sociaux tant que durait la société et n'avait qu'à attendre la fin de la personne juridique créée par le contrat,
pour avoir une part dans l'actif social, si toutefois il ne se trouvait pas absorbé par les dettes.

Toutefois, au point de vue passif, la distinction entre la société et les personnes qui la composent ne pouvait pas être
complète; car si elle se trouvait engagée, ce n'était après tout
que par le fait des associés eux-mêmes; de sorte qu'indépendamment de l'obligation de la société dont les biens garantis-
saient le paiement, les associés eux-mêmes se trouvaient engagés sur leurs biens particuliers : seulement les créanciers
sociaux ne primaient plus les créanciers particuliers de l'associé, en vertu du seul contrat de société, et venaient à
rang égal, à moins qu'ils n'eussent d'ailleurs une cause légi-
time de préférence.

C'est à peu près à la même époque que l'on vit apparaître
le contrat de pacotille ou de commande destiné à jouer un si
grand rôle dans les affaires commerciales. L'on confiait à un
marchand quelconque qui entreprenait des voyages mariti-
mes, un fonds en marchandises pour le convertir, soit en

l'échangeant, soit en le vendant, en d'autres marchandises ou en argent, et partager ensuite avec lui les bénéfices des différentes opérations. Les juridictions consulaires protégèrent de bonne heure ce contrat en raison des avantages qu'il procurait au commerce, et aux citoyens que leurs affaires ou leur profession empêchaient d'aller eux-mêmes sur les lieux de marché pour se livrer à des opérations mercantiles. De là les dispositions du droit commercial qui accordaient au prêteur un privilége sur les marchandises de retour et qui limitaient ses risques aux valeurs qu'il pouvait avoir dans la société; tandis que les commandités étaient tenus *in integrum* vis-à-vis des tiers et avec solidarité s'ils étaient plusieurs. Du commerce de mer, cette combinaison s'appliqua promptement au commerce terrestre et prit une rapide extension, surtout lorsque la mise des commanditaires, au lieu de consister en marchandises, fut une valeur en argent; car à une époque où le prêt à intérêt était défendu par la loi, où le commerce faisait déroger, les détenteurs de capitaux furent bien aise de trouver un moyen qui leur permît de tirer un revenu de leur argent sans descendre de leur rang et sans encourir les peines infligées aux usuriers.

Un caractère remarquable de cette combinaison fut d'être pendant longtemps une affaire occulte entre le commandité et ceux qui lui fournissaient des valeurs, et de former pour ainsi dire une branche de l'association en participation. Elle ne commença à revêtir le caractère de personne juridique ayant une existence particulière qu'à la fin du XVIᵉ siècle, c'est-à-dire à l'époque où l'on vit apparaître dans le commerce l'action industrielle comme une valeur spéciale transmissible par les voies commerciales et représentant les parts de chaque associé dans la société. L'ordonnance de 1673 fut le premier monument législatif qui consacra l'usage qui avait pris naissance quelque temps auparavant et distingua la commandite des autres genres de société, en la plaçant à côté de la société en nom collectif; et la pratique ne tarda pas à l'appliquer aux plus grandes opérations en divisant précisément son capital social en actions. Nous en trouvons un exemple frappant dans la banque de Law, qui n'était qu'une commandite par actions, sous la raison sociale Law et compagnie.

Les législateurs du Code de commerce reconnurent aussi la société en commandite, en accordant aux parties la faculté de diviser le capital en actions même au porteur, sans édicter pour cela des règles spéciales pour ce cas particulier. Mais depuis la promulgation de ce Code, l'usage fréquent de ce dernier genre de société laissa voir de graves abus. La loi du 17 juillet 1856 est venue pour y porter remède, en prescrivant des règles et imposant des restrictions nécessaires pour réduire la mauvaise foi à l'impuissance. Nous aurons à examiner ses différentes dispositions qui forment, relativement à la société en commandite par actions, le juste complément des règles du Code de commerce, qui s'étendent dans leur généralité aux deux espèces de commandite.

CHAPITRE Ier.

—

DISPOSITIONS GÉNÉRALES.

—

SECTION PREMIÈRE.

DU COMMENCEMENT DE LA SOCIÉTÉ.

Il est très-important de connaître d'une manière précise l'époque à laquelle la société en commandite prend naissance, parce qu'à ce moment une personne morale va remplacer les intérêts individuels de chacun des associés et avoir un actif, un domicile particuliers. Le Code de commerce ne traçait cependant aucune règle spéciale sur le commencement de la société, et l'on tombait par conséquent sous l'application de la règle générale posée par l'art. 1843 du Code Napoléon, d'après laquelle la société commençait à exister valablement à l'instant même du contrat, sans qu'aucune tradition des mises fût nécessaire; à moins toutefois que les parties n'eussent elles-mêmes désigné l'époque à partir de laquelle elles voulaient créer la société, auquel cas la disposition de la loi s'effaçait pour laisser place à la volonté des parties, soit qu'elles eussent convenu que le contrat ne prendrait date qu'à compter d'un jour déterminé ou sous la condition de tel ou tel événement.

Cet état de choses, sans inconvénient pour la commandite pure, vis-à-vis de laquelle il subsiste encore, laissait le champ libre à de graves abus dans les sociétés en commandite par actions. Une trop grande précipitation dans le commencement des opérations sociales n'avait souvent d'autre résultat que celui de tromper les actionnaires au profit des gérants qui trouvaient le moyen, en mettant en œuvre la société aussitôt après la souscription de quelques actions, de donner à leur entreprise un caractère sérieux et de revendre leurs actions avec prime.

L'art. 1er de la loi de 1856 porte remède à ces abus en subordonnant la constitution de la société à la souscription de la totalité du capital social et le versement effectif par chaque actionnaire du quart au moins du montant des actions par lui souscrites. Cette double condition assure que l'entreprise n'est pas un jeu et que la société est nantie de biens suffisants pour répondre des engagements qu'elle pourra contracter.

Ce n'est point le quart du capital social effectué indifféremment par tels ou tels actionnaires, dont la loi commande le versement. Chaque associé doit verser le quart du capital des actions par lui souscrites. Le rapport de la loi ne laisse aucun doute à cet égard : « Nous avons proposé, disait M. Langlais, » et le Conseil d'Etat a adopté que la réalisation doit avoir » lieu par le versement du quart de chaque action. »

La disposition de l'art. 1er s'applique surtout à la partie du capital social divisée en actions payantes, car les actions de capital proprement dites, qui représentent entre les mains de ceux à qui elles sont délivrées des valeurs mobilières ou immobilières, sont ordinairement soldées par l'apport immédiat de ces valeurs. Cependant, s'il s'agit de choses divisibles autres que des sommes d'argent, le versement du quart de leur valeur est exigé pour la constitution de la société ; de sorte que ce n'est pas seulement le quart de la partie du capital consistant en numéraire qui doit être réalisé.

Quant aux actions représentatives de l'industrie de certains des associés, elles ne sont pas soumises à la disposition de l'art. 1er. Il est impossible à un associé de faire profiter la société de son industrie, tant qu'elle n'a pas elle-même commencé ses opérations.

On avait coutume avant la loi de 1856, après avoir fixé le capital social à une somme déterminée, de diviser les actions en séries différentes, dont une partie seulement était destinée à être émise lors de l'origine de la société, et d'accorder aux gérants la faculté de faire, avec ou sans l'autorisation du conseil de surveillance, l'émission des autres actions à différentes époques et selon les besoins de la société. Les termes de la loi en exigeant aujourd'hui la souscription intégrale du capital social, prohibent une pareille stipulation pour l'avenir et s'opposent formellement à toute émission d'actions faisant partie du capital social tel qu'il a été fixé par le contrat et qui pourrait être postérieure à la constitution de la société.

Mais il est parfaitement permis de convenir que, selon les besoins de l'entreprise, le capital social pourra être porté à un chiffre plus considérable que celui qui avait d'abord été jugé suffisant pour les opérations de la société. Il ne faut pas, en effet, que la société soit limitée d'une manière trop rigoureuse dans ses ressources, il faut au contraire que celles-ci puissent s'étendre, de manière à répondre toujours aux besoins imprévus de l'association. Seulement toutes les fois qu'une nouvelle émission d'actions aura lieu, elle devra réunir toutes les conditions exigées par la loi relativement à la souscription intégrale du capital et le versement du quart des actions.

Lorsqu'une pareille stipulation est intervenue dans l'acte de société, il est ordinairement convenu que l'augmentation du capital ne pourra avoir lieu qu'après avoir été arrêtée par une assemblée générale des actionnaires qui fixe le nombre et la valeur des actions et les époques de leur paiement. Les délibérations dans ce cas sont prises de la manière déterminée par les statuts et généralement à la majorité des actionnaires, sans que la minorité en puisse empêcher l'exécution, puisque les dissidents ont connu par l'acte de société à quoi ils s'engageaient.

La souscription de la totalité du capital social et le versement du quart des actions sont constatés dans une déclaration notariée faite par le gérant, à laquelle se trouve annexée la liste des souscripteurs, comprenant leurs noms, professions et demeures, ainsi que l'état des versements faits par eux. Cette liste détaillée et cet état sont une preuve à l'appui de la sincérité de la déclaration du gérant et un document important quand il s'agit de poursuivre les premiers souscripteurs qui n'ont pas versé le montant de leurs actions.

On joint encore à la déclaration notariée du gérant l'acte de société, s'il est sous signatures privées; si au contraire il a été rédigé dans la forme authentique, le vœu de la loi se trouvera rempli si la déclaration faite devant le notaire rédacteur du contrat de société se trouve à la suite de cet acte; mais si le gérant fait sa déclaration chez un notaire différent de celui qui a rédigé les conventions de l'association, on devra annexer à l'acte de déclaration une expédition de l'acte de société.

L'exécution de toutes ces dispositions diverses est de la dernière importance, car l'art. 6 de la loi de 1856 prononce la nullité de toute société en commandite par actions qui serait contraire aux prescriptions de son article 1er

SECTION II.

DE LA DÉTERMINATION DES PARTS DANS LES PROFITS ET LES PERTES.

Lorsque l'acte de société ne contient pas de règles pour la fixation des droits de chacun des associés sur le capital et les pertes ou les bénéfices qui pourront résulter des opérations communes, la loi prend elle-même le soin de déterminer ces droits et décide qu'ils seront en proportion de la mise de chacun dans le fonds de la société. Notre Code a donc adopté le système d'égalité proportionnelle aux mises et rejeté celui de l'égalité absolue qui était suivi dans le droit romain.

Lorsque l'apport d'un associé consiste dans son industrie et que le contrat ne lui assigne pas une valeur précise, la part de l'industrie est réglée comme si sa mise était égale à celle de l'associé qui a le moins apporté. Le législateur a voulu par cette disposition forcer celui qui faisait une semblable mise à faire fixer lui-même son sort dans la société. « Si nous don- » nons la part la plus forte à celui qui a apporté son industrie, » disait M. Bouteville dans son rapport au tribunat, n'encou- » rageons-nous pas l'insouciance et l'oubli de la précaution la » plus facile à prendre? En ne lui assignant que la part la » plus faible, nous lui donnons le sage avertissement de ne » jamais négliger de stipuler lui-même ses intérêts et de faire » régler son sort. »

Si indépendamment de sa mise en industrie, l'une des

parties met encore en société de l'argent ou d'autres valeurs mobilières ou immobilières, la mise en industrie est assimilée à la mise la moins forte fournie par les autres associés, et l'on doit tenir compte en outre de la valeur des autres parties de l'apport.

Telles sont les dispositions de la loi lorsque l'acte social est muet sur la fixation des parts de chacun des associés, mais les parties peuvent elles-mêmes exprimer leur volonté à cet égard, et déterminer à leur gré la proportion dans laquelle les profits et les pertes seront partagés. Elles jouissent sur ce point de la liberté la plus illimitée ; et leurs conventions font toujours loi, pourvu qu'elles respectent les règles fondamentales du contrat de société. Ainsi il ne leur serait pas permis d'attribuer la totalité des bénéfices à un seul des associés, ni d'affranchir de toute contribution aux pertes les sommes ou effets apportés dans le fonds social par l'une ou plusieurs des parties ; car la communication des gains et des pertes est de l'essence du contrat de société, il faut que tous les associés soient exposés à perdre et à gagner ; en ôtant cette participation on détruit la société et l'on rend le contrat sans valeur.

Mais la loi n'exige point le partage égal des bénéfices et des pertes ; il n'est point nécessaire que la participation soit dans une exacte et rigoureuse proportion avec les mises. Il est, en effet, des personnes dont l'industrie et l'habileté sont si précieuses à la société qu'il devait être permis de les attacher à l'intérêt commun en leur donnant une part plus grande dans les profits, ou moins forte dans les dettes. Ainsi dans une société en commandite, rien n'empêchera les intéressés de convenir que le gérant, qui par son rôle lui-même est destiné à mettre tout son travail et toute son industrie dans la société, prendra dans les bénéfices une part plus forte que les autres associés qui se contentent de l'aider de leurs capitaux, en ayant soin toutefois dans ce cas particulier, de faire approuver les avantages particuliers qu'il se fait attribuer par l'assemblée générale des actionnaires, lorsque le capital de la société est divisé par actions.

On peut même convenir que l'un des associés aura une part différente dans les gains et les pertes. Mais il faut s'attacher au résultat général des différentes opérations auxquelles la société a pu se livrer et considérer la valeur et la composition de la masse aux deux époques entre lesquelles l'on veut établir la comparaison, de façon à n'appliquer que la disposition relative aux bénéfices, si la société a profité; et celle relative aux pertes, si ses affaires n'ont pas prospéré; en un mot, l'on n'opère que sur le reliquat, soit actif, soit passif, qui résulte de la balance faite entre la masse des pertes et celle des bénéfices. C'est un point qui après avoir été reconnu dans la jurisprudence romaine devait passer dans notre droit, parce que la décision contraire mènerait à une société léonine.

Par suite des chances variables de réussite et d'échec des opérations sociales, on ne peut en réalité savoir si une société a réalisé des bénéfices que lorsqu'elle se liquide, et à la fin des diverses affaires qu'elle avait pour objet. Mais comme une société en commandite, surtout du nombre de celles dont le capital social est divisé par actions, qui ne ferait aucune distribution de dividendes pendant sa durée, trouverait peu d'adhérents, il est d'usage de convenir que des répartitions annuelles ou semestrielles auront lieu après un inventaire régulier établissant la situation prospère de la société. De pareilles conventions n'ont rien de contraire à la loi, et peuvent trouver place dans un contrat de société.

Bien plus, comme d'après les principes que nous exposerons plus bas, les tiers ont eu connaissance des statuts qui autorisaient la répartition périodique des dividendes, ils ne sauraient être admis à critiquer les distributions faites de bonne foi et qui laisseraient intact le capital social offert au public comme gage des opérations de la société, alors même que postérieurement les affaires communes ont mal tourné. Ces bénéfices distribués ont dû être consommés : exiger le rapport, ce serait éloigner, à coup sûr, les capitalistes des sociétés, car aucun d'eux ne voudrait s'exposer à remettre au bout de dix ans des valeurs qui ont servi à ses besoins journaliers, et à trouver une ruine certaine là où chacun comptait trouver un bénéfice.

Enfin il est facultatif aux parties de convenir que les parts dans les profits et les pertes seront déterminées par l'un d'eux ou par un tiers étranger à la société. Le règlement fait dans ce cas par l'arbitre ne peut être attaqué qu'autant qu'il est évidemment contraire à l'équité; et dans ce cas même, la réclamation n'est admissible qu'autant que le règlement n'a pas reçu de la part du réclamant un commencement d'exécution, ou qu'il ne s'est pas écoulé trois mois depuis qu'il en a eu connaissance.

SECTION III.

DES APPORTS ET DE LA DIVISION DU CAPITAL SOCIAL EN ACTIONS.

—

§ I. — *Des apports.*

Il est de l'essence du contrat de société que chacune des parties mette en commun certaines choses susceptibles de procurer des bénéfices qu'elles se proposent de partager ensuite. La réunion de ces mises ou apports forme ce que l'on appelle le fonds social.

Toute chose appréciable et susceptible de former l'objet des conventions peut former une mise sociale. « Chaque associé, » nous dit l'article 1338 C. N., doit apporter en société, ou de » l'argent ou d'autres biens ou son industrie. » Et cette disposition comprend non-seulement les marchandises, sommes d'argent, créances, en un mot toutes les choses corporelles ou incorporelles qui tombent dans la propriété de l'homme, mais encore ses facultés intelligentes, les inventions de son esprit, le travail de ses mains et même son crédit.

On n'exige pas, du reste, que les apports de chaque associé soient d'une nature identique, car la fécondité naît souvent de la variété des forces qui sont unies; ainsi l'un des associés peut apporter un immeuble, l'autre des capitaux, un troisième son industrie ou une découverte. Bien plus, l'alliance la plus féconde peut-être en résultats heureux, est celle de l'intelligence et des capitaux; nous en avons un exemple dans le genre de société qui nous occupe, qui est exclusivement fondé sur cette union.

Il est de la dernière importance de connaitre la valeur de l'apport de chacun des associés, car nous avons vu que, dans le silence des parties, la loi réglait les parts dans les profits et les pertes d'après la quotité des mises respectives ; il est donc du devoir des parties d'en fixer la valeur par l'acte de société lui-même, lorsque ces mises ne consistent pas en argent.

Dans les sociétés en commandite simple, cette évaluation n'est soumise à aucune formalité particulière. Mais il n'en est plus ainsi quand il s'agit d'une commandite par actions. En effet, avant 1856, la plupart des spéculateurs mettaient en société des objets sans valeur qu'ils présentaient comme devant procurer des bénéfices immenses à l'association et se faisaient payer le prix de leur apport en s'attribuant un nombre d'actions disproportionné avec la valeur de leur mise.

L'art. 4 de la loi nouvelle a pour but de remédier à ces inconvénients ; il exige que l'assemblée générale des actionnaires fasse vérifier et apprécier par des experts la valeur des apports qui ne consistent pas en numéraire. L'avis de ces experts est consigné dans un rapport qu'ils soumettent ensuite à l'assemblée générale qui, après en avoir pris connaissance, admet la valeur donnée aux apports ou la rejette. Dans le premier cas, la société se trouve valablement constituée ; dans le second, elle ne peut commencer ses opérations, et si les actionnaires ne peuvent s'entendre pour fixer la valeur des apports, elle manquera de se réaliser.

Les délibérations de l'assemblée générale sont dans ce cas particulier prises à la majorité des actionnaires présents, laquelle majorité doit comprendre le quart des actionnaires

3

présents ou non et représenter le quart du capital social en numéraire. Chaque associé ne peut, du reste, avoir qu'une voix, quel que soit le nombre d'actions qu'il possède dans la société, et malgré toute disposition contraire contenue dans les statuts. Enfin, les associés qui ont fait l'apport n'ont pas voix délibérative dans l'assemblée : ils ont le droit d'assister simplement à la réunion; décider le contraire, c'eût été les rendre à la fois juges et parties.

L'assemblée générale est convoquée par les gérants d'après les moyens ordinaires de publicité, soit par lettres, soit par insertions dans les journaux; la loi n'a prescrit aucune forme spéciale à cet égard, et n'exige point de convocation judiciaire, les frais eussent été trop considérables.

Les dispositions dont nous venons de nous occuper sont toutes de rigueur, car une société dont les apports ne consiste-raient pas en numéraire et qui n'auraient pas été soumis à l'ap-préciation de l'assemblée générale en suivant les règles qui précèdent, serait sans valeur, et la nullité pourrait en être prononcée sur la demande des parties intéressées. Lorsque la société se trouve ainsi annulée, l'art. 7 de la loi veut que les fondateurs de la société qui ont fait un apport en nature soient responsables solidairement avec les gérants des dommages qui peuvent résulter de l'annulation de la société.

La tradition des choses dont la mise en société a été stipu-lée n'est point nécessaire à la perfection du contrat, mais la promesse d'apport qui a été faite par l'une des parties crée un engagement de sa part vis-à-vis de la société; engagement qu'elle doit remplir aux époques et de la manière convenues. Mais ce n'est point vis-à-vis de chacun de ses coassociés pris individuellement que l'associé se trouve débiteur, c'est vis-à-vis de la société elle-même considérée comme un être moral, une personne juridique.

L'obligation de réaliser l'apport promis existe aussi bien pour l'associé commandité que pour le commanditaire ; mais si ce dernier ne remplit pas ses engagements, il ne peut être poursuivi directement par les créanciers de la société. En effet, lorsqu'une société en commandite est constituée, il naît un être moral qui, comme nous l'avons déjà dit, a des biens et des droits à part destinés à répondre de ses engagements vis-à-vis des tiers. Si l'apport des associés est réalisé immédiatement, le patrimoine de la société est constitué et ses créanciers peuvent le saisir directement ; mais si la mise n'a pas été conférée, il n'y a plus qu'une simple créance qui a pour propriétaire la société envers laquelle, aux termes de l'art. 1845 du Code Napoléon, l'associé est débiteur de tout ce qu'il a promis d'apporter. C'est donc à la société seule qu'appartiendra le droit de lui demander l'acquittement de son obligation ; les créanciers ne doivent avoir que l'action indirecte de l'art. 1166 du C. N.

La faillite de la société ne change point la position des parties, car elle ne donne aucune action nouvelle aux créanciers de la faillite contre les débiteurs du failli ; il est vrai qu'elle le dessaisit de l'administration de ses biens et de l'exercice de ses actions au profit de la masse de ces mêmes créanciers représentés par le syndic ; mais ce n'est là pour ainsi dire qu'une application de l'action indirecte.

De sorte que les actes extinctifs de l'obligation des associés qui peuvent être intervenus entre eux et le gérant sont pleinement valables et opposables aux tiers à moins qu'ils ne soient frauduleux et entachés de dol.

Du reste tous les associés d'une commandite sont tenus commercialement du paiement de leurs mises, même les simples commanditaires; ils devront être assignés devant le tribunal de commerce et seront passibles de la contrainte par corps. C'est, en effet, faire un acte de commerce que de verser des fonds dans une société commerciale pour prendre part au bénéfice des opérations qu'elle a pour objet.

Les effets de l'obligation de réaliser les apports varient suivant la nature des choses qu'ils ont pour objet. Si la mise consiste dans un corps certain et déterminé, celui qui l'a conféré doit, lorsqu'il en a fait la livraison, en garantir la libre possession à la société, à peu près de la même manière que serait obligé de le faire un vendeur vis-à-vis de son acheteur. Si la société se trouve évincée de l'objet livré par l'un des associés comme apport, cet associé sera tenu d'en fournir un autre, s'il est possible, ou d'en payer la valeur.

De même encore s'il a transporté des créances à la société, il est tenu de la garantie de droit à moins qu'une clause spéciale n'aggrave son obligation à cet égard.

Si la mise d'un associé consiste dans son industrie, celui-ci doit compte à la société de tous les bénéfices qu'il a faits par l'espèce particulière d'industrie qui constitue son apport, sans que pour cela il lui soit interdit de donner une partie de son temps à l'exercice d'une industrie étrangère à celle qu'il a promise, pourvu toutefois que les intérêts de la société n'en souffrent point.

La mise effectuée par l'un des associés peut périr; cette perte produit des effets différents selon que l'apport consistait dans la propriété ou dans l'usage des choses. Si c'est la propriété d'un objet quelconque qui a formé la mise, l'associé s'est

dessaisi en faveur de la société de tous les droits qu'il pouvait
avoir sur cet objet pour avoir dans les bénéfices sociaux et les
choses communes une part proportionnée à la valeur de sa
mise. La société est devenue propriétaire et la chose doit périr
pour son compte « *res perit domino* » l'associé n'en perdra
pas pour cela ses droits dans la société, car il a satisfait
à ses obligations. Dès lors, tant que d'autres parties de
l'actif offriront matière aux opérations sociales, il devra prendre part aux distributions de dividendes.

Mais si la mise consiste dans l'usage ou la jouissance de
certaines choses, celles-ci demeurent aux risques de l'associé
resté propriétaire, et tous les changements survenus dans son
état sont pour son compte. La perte de ces choses entraîne
du reste, comme nous le verrons plus bas, la rupture du contrat,
parce que celui des associés qui avait contracté l'obligation d'en
faire jouir la société ne peut plus remplir ses obligations.
Il n'en est plus ainsi : 1° quand les choses dont l'associé n'a
mis que la jouissance dans la société se consomment par l'u-
sage ; on ne peut en effet donner la jouissance de ces choses
sans en transférer la propriété ; 2° lorsqu'il s'agit de choses
qui se détériorent en les gardant, qui sont destinées à être
vendues ou qui ont été estimées, car encore dans ces cas la
propriété en est passée à la société qui est devenue débitrice
de leur valeur vis-à-vis de l'associé dont elles forment
l'apport.

§ II. — *De la division du capital social en actions.*

Nous avons déjà vu que les parties, en faisant un acte de
société en commandite, pouvaient convenir que le capital

social serait divisé en actions. On entend par actions, des titres destinés à exprimer et à représenter les parts de chacun des associés dans la société; titres qui sont négociables par les voies commerciales et civiles, ayant une valeur particulière, tandis que les différentes choses dont se compose le capital social reposent entre les mains de la société.

L'un des principaux avantages de cette combinaison est de permettre aux associés de céder leurs droits facilement et de rendre les acheteurs membres de la société, contrairement à la règle générale de l'art. 1861 du Code Napoléon, d'après laquelle un associé ne peut forcer les autres à recevoir en sa place une personne à qui il céderait tout ou partie de ses droits.

Il est important de ne pas confondre les actions avec les créances contre une société représentées par des titres connus sous le nom d'obligations. Avoir une action, c'est avoir une part dans le fonds social, c'est en être copropriétaire, en sorte que les parts des actionnaires diminuent ou augmentent, selon la prospérité ou la détresse de la société; au contraire, celui qui se trouve créancier ne court point la chance de voir augmenter ou diminuer ses droits en raison des pertes ou bénéfices sociaux.

L'action n'est remise elle-même à celui qui y a droit qu'autant que le versement de la mise qu'elle représente a été complétement effectué; jusqu'à cette époque on ne délivre aux actionnaires qu'un titre provisoire que l'on appelle promesse d'action et destiné à être échangé contre un titre définitif quand la valeur entière de l'apport a été versée.

On distingue plusieurs sortes d'actions, dont les noms nous ont révélés par la pratique. Ainsi, sous le rapport des mises dont elles représentent la valeur, il y a les actions de capital et les actions d'industrie; les premières sont celles dont le montant a été versé en argent ou en autres valeurs mobilières ou immobilières; les actions industrielles sont celles qui représentent les mises consistant en industrie. Ces dernières n'ont droit qu'au partage des bénéfices sans pouvoir prétendre au capital social, qui se trouve réservé pour les actions de capital, et restent ordinairement déposées pendant toute la durée de la société, afin de servir de garantie contre le refus des actionnaires travailleurs de continuer leur concours.

A cette division correspond celle des actions payantes et non payantes; les premières sont celles dont le montant a été versé en argent ou autres choses ayant une valeur vénale; les actions non payantes sont celles qui sont données à un industriel pour prix de l'apport d'une découverte ou de son industrie.

Enfin, les actions de fondation sont celles qui sont accordées aux fondateurs comme prix de leur apport.

Les actions sont meubles par la détermination de la loi, et de plus sont indivisibles, alors même que les statuts sociaux garderaient le silence à cet égard. Ainsi, en cas de décès du titulaire d'une action, celle-ci reste indivisible à l'égard de la société, quel que soit le nombre des héritiers qui puissent y prétendre droit, sans quoi les affaires deviendraient bientôt interminables dans une société qui aurait quelque durée, et dans laquelle il y aurait un grand nombre d'actionnaires; les dividendes seront donc payés collectivement, et chaque héritier n'aura pas le droit d'exiger de la société une part relative à sa portion héréditaire. Au point de vue passif, si le montant intégral de l'apport représenté par l'action n'a point été fourni lors du décès du titulaire primitif, ses héritiers seront tenus indivisiblement au payement de ce qui restera pour parfaire l'acquittement de son obligation.

Le Code de commerce ne fixait aucune limite au-dessous de laquelle il fût défendu de descendre pour le taux des actions. Cette faculté illimitée conduisait à émettre des coupons d'actions et même des actions d'une valeur trop minime, et favorisait les combinaisons de la fraude et de l'agiotage en excluant de la société en commandite les actionnaires sérieux et véritables. La disposition de l'art. 1er de la loi de 1856 a été édictée dans le but de parer à ces inconvénients. Les actions ou coupons d'actions ne peuvent être inférieurs à 500 francs, quand le capital est supérieur à 200,000 francs, et lorsque le capital n'excède pas ce chiffre, ces valeurs ne peuvent descendre au-dessous de 100 francs. Ce minimum de 500 francs, lorsque le capital social excède 200,000 francs, a paru avec raison trop élevé à quelques auteurs, qui auraient voulu que la loi accordât la liberté de descendre au-dessous de ce chiffre tant que le capital n'excèderait pas 500,000 francs. En effet, par cette disposition, les petits capitaux, qui ne sont pas moins dignes de l'intérêt du législateur que les autres, sont exclus des sociétés en commandite par actions; car l'on trouve rarement de pareilles sociétés dont le capital n'est pas supérieur à 200,000 francs. On les prive du placement avantageux que leur offraient les sociétés industrielles, puisqu'au dire du rapporteur de la loi lui-même, les dispositions de l'art. 1er ont été calquées sur celles qui régissent le taux des actions dans les sociétés anonymes; et que l'on n'autorise jamais la constitution d'une société de cette dernière espèce lorsque les actions ne sont pas au-dessus de 100 francs, quelle que soit d'ailleurs l'exiguité du capital.

La forme des actions varie à l'infini, elles sont cependant le plus souvent extraites d'un registre à souche créé à cet effet ; elles portent la signature sociale et sont frappées du timbre de la société ; un extrait des statuts se trouve ordinairement au dos du titre.

Les actions peuvent être nominatives ou au porteur. Elles sont nominatives quand elles portent le nom de l'actionnaire dont elles sont la propriété ; elles sont au porteur quand elles énoncent que le droit qui en découle appartient à toute personne qui a le titre en sa possession. La propriété des premières est justifiée par une inscription sur les registres de la société et se transmet par une déclaration de transfert inscrite sur les registres et signée de celui qui fait le transport ou de son fondé de pouvoir. Les actions au porteur se transmettent par la remise du titre.

La création de titres au porteur dans une société se prête au jeu et à l'agiotage, en laissant aux détenteurs de ces titres la liberté de s'en défaire sans que l'on puisse suivre leurs traces dans les mains entre lesquelles ils passent. La loi de 1856 est encore venue modifier sur ce point les règles primitives du Code de Commerce en exigeant que les actions soient nominatives jusqu'à leur entière libération, de manière à ce qu'il ne soit pas possible d'en trafiquer en secret. Ce n'est pas seulement la libération des actions que l'on veut émettre sous la forme de titre au porteur que la loi se contente d'exiger, il faut que le montant de toutes les actions soit versé : « L'obligation d'être en nom jusqu'au *versement de tout le capital*, disait M. Langlais dans son discours au Corps législatif, tend à éloigner des sociétés tous ces actionnaires nomades, qui n'y apparaissent que pour jouer sur les titres et n'apportent à la société qu'un capital factice. »

Il est aussi d'usage de créer dans certaines sociétés des actions à ordre, transmissibles par la voie de l'endossement; la loi de 1856 ne prohibe pas cet usage, car on trouve dans une pareille action le nom du souscripteur primitif. Il est vrai qu'au moyen de l'endossement en blanc la transmission de la propriété de ces actions ne laissera pas plus de traces que celle d'un titre au porteur; mais la loi ne s'étant pas expliquée à cet égard, ou ne doit pas, sur l'aperçu d'un simple inconvénient, prohiber un usage dont l'utilité est incontestablement reconnue par le commerce. Le danger que l'on pourrait voir, du reste, dans l'émission d'un pareil titre se trouve de beaucoup atténué par la disposition de l'art. 3 de la loi de 1856, qui n'accorde la faculté de négocier les actions qu'après le versement des deux cinquièmes de leur valeur.

Cette règle de la non négociabilité avant le versement des deux cinquièmes est commune à toutes les actions, quelle que soit leur forme, et il n'est même pas permis d'y déroger par une convention contraire, sous peine d'entacher la société de nullité.

Il ne faut pas toutefois s'exagérer la portée de la loi, et les actions ne sont pas frappées d'une indisponibilité absolue tant que le versement des deux cinquièmes n'a pas été effectué. Une cession régulière par n'importe quel mode autorisé par la loi civile peut transmettre la propriété de ces titres. Ce que la loi prohibe, c'est la négociation par les voies commerciales, soit par transfert, soit par endossement. C'est un point qui a été formellement reconnu par les rédacteurs de la loi nouvelle.

Le versement exigé est celui des deux cinquièmes de la totalité des actions, le législateur s'est exprimé d'une manière trop générale pour laisser quelque doute sur sa pensée à cet égard.

Les cessionnaires d'un associé primitif le représentent dans la société ; ils jouissent de tous ses droits et touchent les dividendes qui lui appartenaient.

Au point de vue passif, ils sont tenus de toutes les obligations du cédant et doivent fournir le complément de sa mise lorsqu'il ne l'a pas entièrement versée, sans toutefois que la société puisse voir ses intérêts compromis par la cession, et que le cédant soit dégagé à son égard de l'acquittement de ses obligations. La société conserve donc son recours contre le souscripteur primitif et ceux qui détiennent l'action. Les doutes qui pouvaient exister à cet égard sous l'empire du Code de Commerce ne peuvent plus se présenter aujourd'hui en présence du texte formel de l'art. 3 de la loi nouvelle. Quant aux cessionnaires intermédiaires ils sont affranchis de tout recours, car, à bien prendre, c'est l'action elle-même qui doit à la société plutôt que la personne des détenteurs successifs de l'action.

Il n'est pas permis de déroger par une convention à la disposition de la loi qui établit la responsabilité des souscripteurs des actions ; toute clause qui aurait pour objet de les dégrever de leurs obligations est formellement interdite. Ainsi, il n'est pas permis au gérant d'une commandite de libérer le souscripteur en consentant à recevoir en paiement d'une action, des billets ou d'autres valeurs souscrits par le cessionnaire. La novation qui pourrait résulter d'une telle convention est une stipulation qui a pour objet d'éluder la loi et qui par conséquent est prohibée par elle.

De même encore, avant la loi de 1856, on avait coutume de stipuler que les souscripteurs qui ne paieraient pas les fractions de leurs actions aux époques déterminées seraient déchus de leurs droits à la société et que les versements déjà faits seraient acquis à celle-ci à titre d'indemnité. Cette espèce de clause pénale, dont la portée était de permettre aux souscripteurs de sortir de la société, en abandonnant ce qu'ils y avaient versé, est nulle et les gérants pourront malgré elle forcer les actionnaires à verser le complément de leur mise dans la caisse sociale.

Les différentes dispostions de la loi de 1856 relativement à la valeur, la forme, l'émission et la négociation des actions dont nous venons de nous occuper, ne sont pas dépourvues de sanctions et indépendamment de la nullité prononcée par l'art. 6, des peines sévères sont édictées contre ceux qui osent violer la loi. L'art. 11 punit d'un emprisonnement de huit jours à six mois et d'une amende de cinq cents francs à dix mille francs ou de l'une de ces peines seulement ceux qui émettent des actions ou coupons d'actions dont la valeur est inférieure à celle exigée par l'art. 1er, ou des actions au porteur avant leur entière libération. Il en est de même de ceux qui émettent des actions d'une société qui serait constituée avant la sonscription de la totalité du capital social ou le versement par chaque actionnaire du quart du montant des actions par lui souscrites.

L'art. 12 de son côté punit d'une amende de cinq cents francs à dix mille francs la négociation d'actions ou de coupons d'actions dont la valeur serait inférieure à celle prescrite par l'art. 1er, qui seraient au porteur avant leur entière libération ou pour lesquelles le versement des deux cinquièmes n'aurait pas été opéré. Ce que la loi punit, c'est la simple négociation par les voies commerciales ; la transmission par la voie civile, autorisée par la loi, est à l'abri de toute pénalité.

La loi va plus loin encore, elle frappe de cette dernière amende tout individu qui a participé à la négociation, quelle que soit sa qualité, qu'il soit simple particulier ou officier ministériel. La recherche des infractions commises par cette dernière classe de personnes doit même être faite plus activement que celles commises par les autres.

Enfin l'article 12 frappe de la même peine la publication de la valeur ou de la mise en circulation des actions qui ne seraient pas conformes à la loi. Dans cette circonstance particulière, le gérant du journal sur lequel une insertion a été faite relativement à ces actions ne doit pas être puni par cela seul qu'il a laissé faire cette insertion. Il faut qu'il y ait dans sa conduite certains faits qui justifient qu'il avait connaissance de la manière vicieuse dont était constituée la société, et qui établissent sa complicité.

SECTION IV.

FORME ET PUBLICITÉ DES ACTES DE SOCIÉTÉ EN COMMANDITE.

L'existence d'une société en commandite importe tellement aux parties et aux tiers que la loi rejetant ici les règles suivies en matière civile, exige pour la preuve de ces sociétés la rédaction d'actes publics ou sous signatures privées, quelle que soit d'ailleurs la valeur du fonds social. Rien ne peut suppléer à ce genre de preuve, et l'art. 42 du Code de Com.

en exigeant à peine de nullité la remise au greffe d'un extrait de l'acte de société, est un témoignage éclatant de la volonté formelle du législateur sur ce point.

Les contractants peuvent à leur gré rédiger un acte authentique ou bien un acte sous signatures privées, en se conformant pour ce dernier écrit aux formalités de l'art. 1325 du Code Napoléon, sans toutefois qu'il soit exigé plus de deux originaux; l'un pour les gérants, et l'autre pour les commanditaires; ces deux classes de personnes se trouvent en effet seules avoir un intérêt distinct.

La rédaction d'un acte social n'est de l'essence de la société que vis-à-vis des associés eux-mêmes, ceux-ci ne peuvent opposer l'absence de l'acte aux tiers; on ne peut pas en effet leur imputer un fait auquel ils sont complétement étrangers. Ils pourront donc recourir à tous les moyens de preuve admis en matière commerciale pour prouver l'existence de la société qu'il leur importe de constater.

Il ne suffit pas que la société en commandite soit rédigée par écrit, l'article 42 du Code de Commerce nous prescrit une formalité non moins importante. L'extrait de l'acte doit être remis au greffe du tribunal de commerce de l'arrondissement dans lequel la société est établie, pour être transcrit sur le registre et affiché pendant trois mois dans la salle des audiences. Si la société a plusieurs maisons de commerce situées dans divers endroits, la remise, la transcription et l'affiche de l'extrait sont faites au tribunal de commerce de chaque arrondissement. Enfin l'extrait doit, en outre, être inséré dans un ou plusieurs journaux de l'arrondissement désignés par le préfet. Il est justifié de cette insertion par un exemplaire du journal certifié par l'imprimeur dont la signature est légalisée par le maire ; lequel exemplaire doit être enregistré dans les trois mois de sa date à peine de nullité.

L'extrait contient tous les détails propres à faire connaître les éléments constitutifs de la société, de façon que les tiers qui vont être appelés à traiter avec elle ne puissent être induits en erreur, ou du moins ne le soient que par leur volonté et faute par eux d'avoir pris les renseignements nécessaires. La loi exige donc que l'on fasse connaître : 1° *les noms, prénoms, qualités et demeures des commandités*, afin que l'on sache la mesure de la confiance à leur accorder et les garanties qu'ils peuvent offrir aux tiers en cas de désastre social ; on n'exige pas le nom des commanditaires, mais seulement l'indication du montant des valeurs qu'ils ont fournies ou qu'ils doivent fournir. Cette seule indication suffit, car dans ce genre de société, ce qu'il importe aux tiers de connaître, ce sont les valeurs qui forment leur gage ; et puisque la personne des commanditaires n'est pour rien dans la confiance qu'ils pourront avoir dans la société, il ne faut pas que ceux-ci soient exposés à une publicité fâcheuse ; 2° *la raison de commerce de la société*, laquelle ne peut contenir que le nom des commandités. C'est là le nom de la société, c'est par lui qu'elle se manifeste au public et traite avec les tiers ; 3° *les noms des associés autorisés à gérer, administrer et signer pour la société ; l'époque à laquelle elle doit commencer, et celle où elle doit finir.*

L'extrait doit être signé par le notaire rédacteur si l'acte social est authentique, et par les associés solidaires ou gérants si l'acte est rédigé sous signatures privées.

Le délai pour la publication est de quinze jours, qui commencent à courir de la date de l'acte si la commandite est simple ; quant à la commandite par actions , dès avant la loi de 1856 , dans le cas où les statuts sociaux ajournaient la constitution définitive de la société jusqu'à la souscription d'une fraction déterminée du capital, la pratique avait changé le point de départ du délai en ne le faisant courir que du jour où cette souscription était constatée par une déclaration du gérant. La loi nouvelle a sanctionné cet usage et a même été plus loin ; car en exigeant pour la constitution définitive de la société une double condition, elle a tacitement reconnu un nouveau point de départ au délai de quinzaine de l'art. 42 : on ne peut en effet publier qu'une société définitivement constituée.

Les différentes formalités dont parle la loi doivent être observées à peine de nullité à l'égard des intéressés, mais le défaut de leur accomplissement ne peut être opposé aux tiers par les associés; ceux-ci ne peuvent en effet se prévaloir de leur négligence pour refuser d'exécuter les engagements dont ils sont tenus. Mais il n'en est plus ainsi si l'on considère la position des associés les uns à l'égard des autres, les termes généraux de l'article 42 du Code de Commerce et la discussion de la loi ne permettent pas de douter qu'un associé puisse opposer à son coassocié la nullité résultant du défaut de l'accomplissement des formalités voulues par la loi.

La nullité n'est point couverte par l'exécution donnée volontairement au contrat par les associés, mais elle ne frappe que l'avenir en laissant subsister le passé comme un fait accompli qui a donné lieu à des rapports sociaux et ne peut disparaître sans laisser de traces. Dans ce cas, la société est réglée par la convention des parties et les associés sont soumis à la loi qu'ils ont édictée eux-mêmes pour leurs propres intérêts.

Les créanciers personnels de l'un des contractants peuvent opposer aux autres associés et aux créanciers sociaux eux-mêmes la nullité prononcée par la loi. Ils sont intéressés à s'en prévaloir puisque l'acte social peut altérer le patrimoine de leur débiteur pour augmenter le fonds social au préjudice de leurs droits.

Enfin ce n'est pas seulement la formation des sociétés que le législateur a voulu soumettre à des formalités de publicité, c'est encore tous les changements importants survenus dans sa manière d'être, tels que sa dissolution avant le terme fixé, la retraite d'un associé en nom, l'adoption d'une nouvelle raison sociale, la continuation de la société après l'arrivée du terme fixé pour sa dissolution. Cette prorogation, du reste, ne peut être prouvée que par un écrit revêtu des mêmes formes que le contrat de société lui-même.

4

CHAPITRE II.

—

- DE L'ADMINISTRATION DE LA SOCIÉTÉ.

—

L'administration des intérêts sociaux est soumise dans la société en commandite à des règles particulières qui tiennent à la nature spéciale de ce contrat; et c'est peut-être un de ses plus grands avantages que celui d'avoir pour toute la durée de ses opérations un gouvernement organisé qui a toute la force et toute la liberté d'action si essentielles au succès des entreprises commerciales. Mais le pouvoir est centralisé entre les mains de ceux des associés qui sont indéfiniment responsables à l'égard des tiers; tous ceux qui n'ont fait que mettre des fonds dans la société doivent, en règle générale, rester étrangers à la gestion. Cependant toute participation aux affaires sociales ne leur est pas interdite. Il fallait bien, sous peine de les exposer tous les jours à devenir le jouet de la fraude, leur accorder le droit de surveiller l'emploi que peuvent faire ceux qui les représentent vis-à-vis des tiers, des pouvoirs que l'acte de société ou la loi elle-même, à défaut de convention spéciale, leur accorde. Il fallait bien encore leur donner le droit de conseiller ces représentants dans les moments difficiles, et d'étendre leurs pouvoirs lorsque l'intérêt de la société l'exige, de façon à ce qu'elle ne fût pas arrêtée subitement dans sa marche lorsque des besoins imprévus exigent des actes interdits aux gérants. Nous allons donc avoir à examiner tout d'abord la gestion proprement dite de la société, qui se trouve exclusivement réservée aux commandités, pour parler ensuite des droits et des obligations que peuvent avoir à exercer ou à remplir les associés commanditaires relativement à l'administration.

SECTION Iᵣₑ.

DE LA GESTION.

Dans les sociétés en commandite, surtout celles dont le capital social est divisé en actions et dont par conséquent le personnel est nombreux, il est rare que l'acte de société ne centralise pas la gestion dans les mains de quelques associés, c'est le seul moyen de donner la vie à l'association et d'assurer sa prospérité.

Le choix des gérants ne peut pas porter sur n'importe quel associé, cette fonction est exclusivement réservée à ceux des associés dont l'obligation n'est pas limitée à leur mise. Seuls connus du public, il faut qu'ils aient la direction des opérations dont ils doivent supporter le poids; et comme les actes de gestion mettent les associés qui les accomplissent en regard des tiers, il ne faut pas que ceux-ci puissent être trompés sur la qualité de celui avec lequel ils traitent.

On peut nommer indifféremment un ou plusieurs gérants; dans ce cas, si les fonctions de chacun ne sont pas déterminées par le contrat, et s'il n'a pas été exprimé que l'un ne pourrait agir sans l'autre, chacun peut faire séparément tous les actes d'administration. Mais s'il a été stipulé que l'action serait simultanée, un seul gérant ne peut agir sans le concours des autres, alors même qu'il y aurait impossibilité pour eux d'agir et qu'il y aurait urgence. Dans ce cas les résolutions des gérants ne sont susceptibles d'être mises à exécution qu'autant qu'elles sont prises à l'unanimité; l'opposition et l'abstention d'un seul entravent l'opération.

En règle générale, la disposition de l'acte de société, qui confie la direction des intérêts communs à des personnes spécialement désignées, détermine en même temps quels seront leurs pouvoirs. Dans cette hypothèse, aucune discussion ne pourra s'élever sur la limite où ces mêmes pouvoirs devront s'arrêter. On n'aura qu'à consulter l'acte social à cet égard.

Mais aussi souvent, dans les sociétés en commandite où l'imprévu des affaires commerciales joue un si grand rôle, ou laisse toute liberté d'action à ceux qui sont chargés de diriger les intérêts sociaux. Dans ce cas, les administrateurs ont le droit de faire tous les actes qui tendent au but de la société et qui ont dû entrer dans la pensée des parties comme des conséquences du mandat qu'elles leur conféraient. Ainsi, ils peuvent faire les achats nécessaires aux besoins de la société, louer les bâtiments qui sont utiles au commerce commun, ainsi que les ouvriers qui doivent travailler pour le compte de la société, charger les commissionnaires de vendre, traiter avec le voiturier pour le transport des marchandises, faire les opérations de change, escompter les valeurs, les négocier, vendre les choses de nature à être vendues, etc. Mais ils ne peuvent donner aucune des valeurs qui composent l'acte social, ni faire remise des dettes contractées vis-à-vis de la société, à moins qu'il ne s'agisse d'une remise nécessaire faite à un débiteur malheureux par concordat ou par contrat d'atermoiement.

Les gérants peuvent représenter la société dans les contestations qu'elle a à soutenir, soit en demandant, soit en défendant, mais ils ne peuvent ni transiger, ni compromettre pour les objets dont l'aliénation leur est interdite, car pour les choses dont la disposition leur est abandonnée, les gérants, puisant dans leur mandat le droit d'en disposer à leur façon pour le bien de la société, peuvent les aliéner par compromis ou transaction, modes qui, d'après les circonstances, peuvent se trouver avantageux pour les intérêts communs.

Lorsque l'administrateur s'est renfermé dans la limite de ses pouvoirs, il a le droit de répéter contre la société : en premier lieu, les déboursés qu'il a faits pour elle, dans le but de conduire à bonne fin une opération sociale. Ces déboursés doivent lui être payés avec les intérêts qui ont couru depuis le jour auquel ils ont été faits. On doit, en effet, assimiler le gérant à un mandataire, et lui faire retirer de l'argent qu'il débourse pour la société les bénéfices que ce même argent lui eût procuré s'il avait été placé dans des mains étrangères. En second lieu, si le gérant contracte des obligations dans l'intérêt social, il en doit être indemnisé, quand même l'affaire n'a pas réussi. Enfin, si le gérant éprouve des pertes en s'occupant des affaires de la société, et que ces pertes proviennent de hasards ou de cas fortuits, auxquels l'associé n'a été soumis que parce qu'il s'occupait des intérêts communs, comme c'est la société qui profite des gains de la gestion, il est de justice que ce soit elle qui supporte les dommages qu'elle entraîne.

Mais si, d'après les principes que nous venons d'exposer, la société doit indemniser l'associé administrateur des obligations qu'il contracte et des pertes qu'il éprouve pour elle, cet associé, de son côté, a aussi des obligations à remplir relativement aux fonctions qui lui ont été conférées. Ainsi, il doit l'intérêt des fonds qu'il a employés pour son usage personnel du jour où ils sont entrés dans sa caisse particulière, sans préjudice de plus amples dommages-intérêts, si l'application de ces fonds, étrangère aux affaires de la société, a causé du préjudice à celle-ci.

L'associé gérant répond des fautes qu'il commet, même par omission, si elles sont telles que les individus d'une intelligence commune n'auraient rien fait de semblable dans leurs propres affaires. Il n'est même pas admis à opposer en compensation les profits extraordinaires qu'il aurait pu procurer à la société dans d'autres circonstances. L'observation de ses devoirs dans un cas ne le dispense pas des conséquences de leur inobservation dans un autre. « *Non compensatur compendium cum negligentia.* » Du reste, les profits qu'il a pu faire dans une affaire sont pour la société ; celle-ci n'est point sa débitrice à cet égard, la matière manque donc à la compensation.

L'acceptation par le gérant des fonctions qui lui ont été conférées l'oblige à ne jamais préférer son intérêt particulier à celui de la société ; il doit traiter les affaires de celle-ci avec le même soin et la même attention que ses affaires particulières. C'est par une conséquence de ce principe que l'article 1848 du Code Napoléon, supposant que l'associé gérant a un débiteur commun avec la société, ne veut pas qu'il assure le recouvrement de ce qui lui est dû sans songer à la créance de la société. L'imputation de ce que reçoit l'associé doit se faire sur les deux créances dans la proportion de la valeur de chacune d'elles, pourvu qu'elles soient toutes deux exigibles, malgré toute imputation contraire exprimée dans la quittance, par celui qui a touché l'argent.

Cette disposition n'enlève cependant pas au débiteur la faculté qui lui est accordée par l'art. 1253 du Code Napoléon. Elle règle, en effet, une hypothèse particulière et ne doit pas briser un principe général équitable: le débiteur doit toujours être le maître d'imputer le payement qu'il fait, sur la créance qui lui paraît la plus onéreuse.

C'est encore parce que l'associé gérant ne doit pas préférer son intérêt particulier à l'intérêt social, que l'art. 1849 décide que lorsqu'il a reçu sa part seulement de la créance sociale, il doit la rapporter à la masse, pour que chacun des associés y ait ses droits, alors même qu'il aurait donné spécialement quittance pour sa part.

Enfin, l'associé gérant doit rendre compte de sa gestion, même pendant la durée de la société, à ceux qui lui ont donné leurs pouvoirs. Ils sont, en effet, fondés à s'enquérir à toute époque de la direction donnée aux affaires sociales et des bénéfices qu'on a pu réaliser.

Jusqu'ici nous nous sommes occupé du cas le plus ordinaire, celui où l'acte de société déléguait le pouvoir d'administrer les intérêts sociaux à des personnes spécialement désignées, investies de la confiance commune. Mais il peut se faire, surtout dans une commandite simple, qu'aucun acte ne soit venu réglementer la gestion de la société. Dans ce cas, tous les associés solidaires sont de droit seuls administrateurs des intérêts sociaux. Le silence gardé par les contractants est une preuve certaine qu'ils n'ont pas voulu établir de différences entre eux à cet égard, et attribuer à chacun d'eux le mandat d'administrer, sous le contrôle de tous, les affaires de la société. Ce mandat tacite comprend tous les actes que nous avons vu précédemment rentrer dans les pouvoirs d'un gérant spécialement désigné, quand un acte spécial n'était point venu en déterminer la limite, et chaque associé solidaire a le droit d'agir séparément sans attendre le consentement exprès de ses coassociés.

Toutefois, le pouvoir accordé à chacun des associés en nom s'arrête devant une désapprobation formelle manifestée par l'un ou plusieurs des autres associés. On ne peut passer outre à cette opposition; l'acte doit rester en suspens, à moins qu'il n'y ait plusieurs associés solidaires; et que dans ce cas, la majorité vienne à se prononcer pour l'acte frappé d'opposition; alors on ne devra pas moins procéder à son exécution, et la majorité, dans ce cas, obligera la minorité.

Lorsque ceux des associés qui ont le pouvoir d'engager la société d'après les principes que nous venons d'exposer ont usé du droit qu'ils avaient à cet égard, la société se trouve valablement engagée vis-à-vis des tiers; mais pour cela, il faut que l'obligation ait été contractée sous la raison sociale ou du moins pour le compte de la société. Celle-ci ne peut en effet être obligée qu'autant qu'elle a elle-même contracté, ou que celui auquel elle a donné le pouvoir d'agir l'a fait en son nom. L'emploi de la raison sociale n'est donc pas de rigueur; par cela seul qu'un associé déclare expressément qu'il contracte pour la société, sa déclaration positive remplace l'emploi qu'il aurait pu faire du nom social.

Quand un engagement est contracté vis-à-vis des tiers et

sous la raison sociale, la société se trouve donc engagée, alors même qu'elle prétendrait que l'argent n'a pas tourné à son profit. En effet, quand l'un des associés s'est engagé sous ce nom, il y a présomption vis-à-vis des tiers que l'acte qu'il a fait était pour le compte commun. C'est aux autres associés à veiller sur la conduite du gérant, à s'assurer s'il tient compte à la société des négociations qu'il fait ; les tiers ne doivent pas être responsables de l'inexécution des engagements d'un mandataire qu'ils n'ont pas choisi, c'est à ceux qui en ont fait choix de supporter les conséquences de son infidélité. Savary avait raison de dire qu'en admettant l'opinion contraire : « Il n'y aurait jamais de sûreté à prêter son
» argent aux négociants associés, qu'il ne tiendrait qu'à un
» marchand de s'associer un homme de néant, et lui faire
» emprunter au nom de la société des sommes considérables,
» pour lesquelles il ferait des billets signés du nom social,
» d'affecter de ne point écrire sur les livres de la société les
» sommes empruntées et de faire évader cet associé ; et quand
» ceux qui auraient prêté leur argent viendraient en demander le paiement, de les repousser en disant que les deniers
» empruntés par cet associé de néant ne sont point écrits sur
» les livres de la société ; qu'il ne sait rien, et que ce n'est
» pas à lui qu'il faut s'adresser. »

Tout ceci n'a lieu que lorsque les tiers sont de bonne foi ; mais s'il est prouvé que l'engagement revêtu de la raison sociale non-seulement n'a pas tourné au profit de la société, mais encore a servi à l'acquittement d'une obligation personnelle du gérant, vis-à-vis de l'un de ses créanciers qui est le complice nécessaire de sa fraude, la société ne doit pas être engagée. Si dans l'ignorance absolue des intentions du gérant, les tiers ont pu être autorisés à croire qu'il agissait dans l'intérêt social, rien de plus juste que de leur assurer un recours contre la société qui doit supporter les conséquences de l'infidélité de ses mandataires. Mais toute action leur doit être refusée quand leur titre accuse leur participation à l'abus de confiance commis par le gérant.

Les engagements contractés sous la raison sociale n'obligent la société qu'autant que celui qui l'a employé avait le droit de s'en servir. Tout emploi de la raison sociale fait par une personne à qui ce droit n'avait point été accordé est sans aucune valeur, à moins toutefois que ceux vis-à-vis desquels on s'est engagé ne prouvent que l'opération a tourné au profit de la société, car dans ce dernier cas ils peuvent agir contre elle dans la mesure des bénéfices qu'elle a retirés de la négociation.

Lorsqu'une personne étrangère à la société se trouve avoir des engagements souscrits par elle, c'est à cette société elle-même qu'elle doit s'adresser dans la personne des gérants pour obtenir l'acquittement des obligations. Ce n'est qu'après avoir obtenu des condamnations contre l'être moral que le créancier, à défaut de paiement, doit s'adresser aux associés eux-mêmes dans la limite de leurs obligations, c'est-à-dire par la voie solidaire vis-à-vis des associés commandités et vis-à-vis des commanditaires jusqu'à concurrence de leur mise, mais par la voie indirecte seulement, quant à ces derniers.

SECTION II.

DES OBLIGATIONS ET DES DROITS DES COMMANDITAIRES
RELATIVEMENT A LA GESTION.

Défense de s'immiscer dans la gestion. — Nous l'avons déjà
dit : dans la société en commandite la direction des intérêts
sociaux est exclusivement réservée aux associés commandités
et solidaires. La loi interdit aux simples bailleurs de fonds
tout acte de gestion ; le commanditaire ne peut même pas,
comme une personne étrangère, être investi d'une procuration
du gérant pour faire en qualité de mandataire les affaires de
la société. Le privilége de cet associé de n'être tenu des pertes que jusqu'à concurrence de sa mise, repose, pour ainsi
dire, sur cette considération qu'il n'a point figuré vis-à-vis des
tiers et que ceux-ci n'ont jamais eu l'idée d'avoir une autre
garantie que celle des capitaux que cet associé mettait en société. Le législateur n'a pas voulu que les personnes étrangères à l'association, qui n'ont pas toujours dans la rapidité
qu'exige l'exécution des affaires commerciales , le temps
d'examiner en quelle qualité agit la personne qui contracte
avec elles , puissent être trompés sur la mesure de sa responsabilité. C'est une source d'erreurs dangereuses que le
législateur a voulu éviter. Ajoutons, d'ailleurs, qu'il y aurait
eu imprudence de sa part à laisser à la tête des affaires communes des associés dont la responsabilité n'est qu'incomplète
et qui cependant en raison de leur intérêt dans la société se
seraient crus autorisés à agir en maîtres et à se livrer à des
opérations hasardeuses , avec d'autant plus de facilité qu'ils

n'ont pas à redouter de voir leur fortune particulière s'engloutir dans le désastre commun.

Une peine sévère frappe le commanditaire qui viole les dispositions de la loi : son immixtion dans la gestion le rend débiteur solidaire et lui fait perdre les avantages attachés à sa position ; et cette solidarité n'est pas restreinte aux engagements qui peuvent résulter des actes constituant précisément son immixtion, elle s'étend à toutes les obligations de la société, quelle qu'en soit la date, la nature et l'objet.

Mais c'est seulement vis-à-vis des tiers que cette responsabilité indéfinie vient frapper le commanditaire qui s'est immiscé dans les affaires de la société : c'est une peine qui a été prononcée en leur faveur, contre une tentative qu'on présume avoir été faite pour les tromper ; si donc le commanditaire est obligé de payer au-delà de sa mise, il aura un recours pour le surplus contre ses coassociés, sauf à faire venir en déduction les sommes dont il peut se trouver débiteur vis-à-vis de la société par suite de sa gestion.

La condamnation du commanditaire ne lui confère pas nécessairement la qualité de commerçant. On peut bien, en effet, rencontrer dans les actes qu'il s'est permis, la nature commerciale, mais nous savons que ce ne sont pas quelques actes isolés qui peuvent attribuer la qualité de commerçant à leur auteur ; et, par conséquent, le commanditaire ne pourra être soumis à toutes les lois de commerce qu'autant que la fréquence et la multiplicité des négociations qu'il s'est permis d'accomplir constitueront chez lui une profession habituelle.

La raison pour laquelle la loi n'a pas voulu qu'un commanditaire pût s'occuper de la gestion des intérêts sociaux, a aussi déterminé le législateur à défendre que le nom d'un simple bailleur de fonds fît partie de la raison sociale ; le public pourrait être trompé par la pensée que l'associé dont on voit le nom employé dans les engagements de la société est indéfiniment engagé : et c'est là ce que l'on a voulu éviter en ne désignant pas l'être moral par des noms qui offrent une garantie limitée et une responsabilité incomplète à l'égard des tiers. Si le nom d'un commanditaire figure dans la raison sociale, il devient indéfiniment responsable des engagements de la société, alors même qu'il alléguerait que l'acte rendu public lui attribue la simple qualité de commanditaire et que les tiers ont été avertis que sa responsabilité n'excédait pas sa mise ; car en autorisant l'emploi de son nom pour la signature des engagements sociaux, il a pour ainsi dire donné procuration, et devient responsable de tout ce que le mandataire a fait dans la limite de son mandat.

Si le législateur interdit formellement à l'associé commanditaire de s'immiscer dans la gestion, il ne faut cependant pas croire que toute intervention de sa part dans les affaires soit une violation de la loi, entraînant les conséquences que nous venons d'exposer. Et d'abord, comme toute personne étrangère, il lui est permis de traiter avec la société représentée par le gérant ; la distinction entre celles-ci et les associés qui la composent autorise les commanditaires à contracter individuellement avec elle. En effet, une commandite peut avoir besoin pour ses opérations d'un commissionnaire, d'un banquier ; rien ne peut l'empêcher de s'adresser à ceux des bailleurs de fonds qui exercent cette profession, elle trouvera au contraire en eux plus de garanties que chez n'importe quelle autre personne. Le doute qui du reste pouvait exister à cet égard par suite du texte absolu de l'art. 27 du Code de

Commerce, a été levé par un avis du Conseil d'État du 29 avril 1809, d'après lequel cet article n'est applicable « qu'aux » actes que les associés commanditaires feraient en représen- » tant comme gérants, *la maison commanditée même par procu-* » *ration;* et qu'il ne s'applique pas aux transactions commer- » ciales que la maison commanditée peut faire pour son compte » avec le commanditaire, et réciproquement le commanditaire » avec la maison commanditée, comme avec toute autre mai- » son de commerce. » Il faut donc encore décider qu'il n'y a point immixtion dans la gestion, lorsqu'un commanditaire fait pour son compte des travaux utiles à la société. Ainsi dans une maison de banque, rien ne l'empêche d'être commis aux écritures, à la tenue des livres, pourvu que son emploi ne le mette pas en relation avec les tiers et que ceux-ci ne puissent être trompés sur sa position dans la société.

Droit d'autorisation et de conseil. — Comme associé le commanditaire n'est pas non plus exclu de tout concours à l'administration. Il a des droits à conserver, des intérêts à surveiller, des pouvoirs à étendre, des engagements à autoriser. Il ne faut pas que les fonds qu'il a versés soient complé- tement à la discrétion du commandité, ni que la marche des opérations sociales soit arrêtée par un manque de pouvoirs chez le gérant. Réduire le commanditaire à une inaction complète serait assurément éloigner les fonds de ce genre de société et empêcher sa réalisation.

Ainsi le commanditaire peut autoriser les actes qui ressor- tent des limites des pouvoirs accordés au gérant, ou le con- seiller lorsque la négociation qu'il se propose, bien que ren- trant dans son mandat, lui paraît d'une importance telle, que pour prévenir les reproches en cas de revers, il désire par mesure de prudence prendre l'avis de ceux qui sont en communauté d'intérêts avec lui. Le commanditaire peut assister aux assemblées auxquelles les gérants rendent leur compte d'administration, à celles qui ont pour but de modifier l'organisation primitive de la société, de nommer de nouveaux gérants, lorsque les fonctions de ceux qui avaient été nommés tout d'abord ont cessé.

Droit de surveillance. — Enfin les commanditaires ont le droit de surveiller la conduite du gérant, car ce n'est là qu'une mesure de précaution pour empêcher les fraudes de celui-ci, qui n'engage aucun rapport de confiance entre les commanditaires et les tiers. La commandite ne serait pas praticable, s'il était interdit à ceux qui y ont mis des fonds, de surveiller l'emploi qu'on en peut faire.

Dans les sociétés en commandite simples, ce droit de surveillance est accordé par la loi à tous les commanditaires sans distinction ; mais pour les sociétés en commandite par actions, les actionnaires réunis en assemblée générale, avant le commencement des opérations sociales, le concentrent dans les mains de plusieurs personnes spécialement désignées, dont la réunion forme ce que l'on appelle le conseil de surveillance. Ce comité se compose de cinq actionnaires au moins, qui doivent être réélus tous les cinq ans, à l'exception du premier conseil qui n'est nommé que pour une année seulement, afin que le gérant n'ait pas trop de facilités pour faire admettre des personnes dévouées à ses intérêts. Le terme de cinq ans n'est, du reste, qu'un maximum fixé par la loi, en deçà duquel les associés peuvent rester, en convenant que le conseil de surveillance sera réélu dans un laps de temps inférieur à cinq

années. On peut aussi convenir que le conseil se renou-
vellera chaque année partiellement, et même une pareille
stipulation préviendra avantageusement les inconvénients
qui pourraient résulter de l'entrée en fonctions simultanée
de personnes, qui toutes, jusqu'alors, étaient restées étrangères aux affaires sociales. D'ailleurs on peut réélire indéfiniment les membres sortants, à moins que l'acte de société n'ait interdit ce droit aux actionnaires; ne vaut-il pas
mieux, en effet, continuer à ceux qui s'en sont montrés
dignes, la confiance dont on les avait investis, plutôt que de
la reporter sur des personnes dont la moralité est complète-
ment inconnue ?

Les membres du conseil de surveillance doivent être nécessairement choisis parmi les actionnaires, sans cependant que
la possession d'un nombre déterminé d'actions leur soit im-
posée comme condition de leur élection. Les associés ne peuvent raisonnablement remettre leurs intérêts qu'entre les mains
de ceux avec lesquels ces mêmes intérêts sont communs; par
conséquent, du jour où les membres du conseil de surveillance sortiront de la société en vendant leurs actions, les actionnaires auront le droit de pourvoir à leur remplacement.
Il est d'usage, du reste, de stipuler dans les statuts sociaux
que les membres du conseil de surveillance devront être propriétaires d'un certain nombre d'actions qui restent attachées
au registre à souche de la société pendant toute la durée de
leurs fonctions.

L'assemblée générale qui nomme le conseil, doit être convoquée par le gérant, c'est un devoir pour lui; et l'art. 11 de
la loi de 1856 punit d'un emprisonnement de huit jours à
six mois, et d'une amende de 500 fr. à 10,000 fr., ou de l'une

de ces peines seulement, celui qui commence les opérations sociales avant l'entrée en fonctions du conseil de surveillance. Mais si, malgré cette pénalité, le gérant néglige de convoquer l'assemblée, les actionnaires ou quelques-uns seulement pourront eux-mêmes en provoquer la réunion.

Les délibérations de l'assemblée ont lieu à la majorité des actionnaires présents, c'est-à-dire de ceux qui répondent à la convocation régulière qui leur a été faite, votant par tête et non en raison du nombre des actions qu'ils possèdent, à moins que les statuts ne contiennent une disposition contraire. On dresse un procès-verbal de la délibération qui est transcrit sur le registre destiné à contenir ces délibérations, de façon à ce que l'on soit fixé d'une manière positive sur l'époque à partir de laquelle la responsabilité du conseil commence.

Ce sont encore les actionnaires réunis en assemblée générale qui, à la majorité, ont le droit de destituer et de remplacer ceux des surveillants qui n'ont plus leur confiance, et de révoquer le mandat qu'ils leur avaient donné, de même qu'ils peuvent encore procéder au remplacement des membres du conseil qui viennent à décéder ou se démettre de leurs fonctions.

Il est du devoir du conseil de surveillance de vérifier fréquemment et attentivement les livres de la société, de s'assurer s'ils sont tenus conformément aux prescriptions du Code de commerce, et s'ils ne contiennent aucun déguisement relativement à la position active ou passive de la société. Ils doivent constater le montant des sommes encaissées, des effets qui sont en portefeuille et des valeurs qui appartiennent à la société. Ces vérifications peuvent être faites à quelque moment que ce soit et par chacun des membres du conseil séparément;

5

cependant il ne faut pas que ce droit dégénère en obsessions ; il est même d'usage dans la pratique de convenir que la vérification aura lieu à des époques fixées d'avance , et sera faite à tour de rôle par un ou deux membres du conseil de surveillance.

Chaque année le conseil est tenu de faire un rapport à l'assemblée générale. Ce rapport contient une analyse de l'inventaire et l'avis du conseil sur les propositions de dividendes faites par les gérants. Il est nécessaire pour cela de procéder à une vérification préalable et voir si le dividende est bien pris sur les bénéfices sociaux. C'est le moyen d'éviter l'abus qui pouvait résulter avant la loi de 1856 de l'exagération de l'actif social , et de l'emploi qu'on en faisait pour attirer dans la société de nouveaux capitaux. On empêche les actions qui ne représentent pas un revenu réel , d'atteindre une valeur démesurée , et on sauvegarde les intérêts des tiers créanciers dont la garantie se trouvait diminuée par la distribution de bénéfices pris sur le capital.

Enfin , l'art. 9 de la loi nouvelle accorde au conseil de surveillance la faculté de convoquer , même malgré le gérant , l'assemblée générale des actionnaires pour statuer sur des choses d'intérêt commun. Les cas dans lesquels cette convocation doit avoir lieu sont ordinairement fixés dans l'acte de société; mais néanmoins en dehors des hypothèses spécialement prévues, le conseil peut exercer le droit que lui accorde la loi, et même une stipulation formelle ne pourrait pas le priver de cette faculté qui repose sur un motif d'ordre public, et sans laquelle le conseil se trouverait souvent sans mesure contre les fraudes du gérant. Les membres du conseil de surveillance n'ont pas le droit de se faire représenter dans l'exercice de leurs fonctions ; ils sont revêtus d'un mandat qui leur a été conféré en raison de leurs qualités personnelles, de la confiance qu'ils pouvaient inspirer ; ils ne peuvent substituer en leur lieu et place des personnes dont la moralité peut être inconnue aux actionnaires, ou même leur paraître douteuse.

Les obligations imposées par la loi aux membres du conseil de surveillance ne sont pas dépourvues de sanction. Tout au contraire une grave responsabilité pèse sur eux, et lorsque des fautes sont commises par les gérants, lorsque les prescriptions de la loi n'ont pas été observées, elle s'adresse à ce conseil qu'elle a placé pour contrôler les actes des commandités et qu'elle a offert aux tiers comme garantie de la sincérité des opérations sociales et de la constitution loyale de la société.

Les membres du conseil de surveillance peuvent être déclarés responsables solidairement et par corps avec les gérants, de toutes les opérations qui ont été faites postérieurement à leur nomination, lorsque la société se trouve annulée, parce qu'elle a été constituée avant la souscription de la totalité du capital social ou le versement par chaque actionnaire du quart au moins des actions par lui souscrites ; si ces souscriptions et versements n'ont pas été constatés de la manière voulue par la loi ; si les actions n'ont pas été nominatives jusqu'à leur entière libération, ou étaient négociables avant le versement des deux cinquièmes, et si une clause du contrat déchargeait de leur responsabilité les souscripteurs d'actions ; enfin, si l'on n'avait pas suivi les formalités imposées par le législateur pour la vérification et l'appréciation de la valeur des apports qui ne consistent pas en numéraire ou des avantages particuliers, ou si la société avait été constituée avant l'approbation

donnée par l'assemblée générale. Dans ces différentes hypothèses, si la société se trouve annulée et qu'il résulte un préjudice soit pour les créanciers, soit pour les commanditaires
eux-mêmes, de l'annulation du contrat ou même d'opérations
désastreuses faites par les gérants, ceux-ci ont un recours
solidaire contre les membres du conseil de surveillance.

La condamnation des membres du conseil de surveillance
est abandonnée par la loi à la sagesse des tribunaux : les circonstances seront leur guide pour prononcer leur responsabilité ; du reste ils auront toujours un recours contre les gérants dans le cas de condamnation pour réclamer le montant
des sommes qu'ils ont dû payer par la faute ou le dol de
ceux-ci.

Tout membre du conseil de surveillance est encore responsable avec les gérants solidairement et par corps : 1° lorsque
sciemment il a laissé commettre dans les inventaires des
inexactitudes graves, préjudiciables à la société ou aux tiers ;
2° Lorsqu'il a, en connaissance de cause, consenti à la distribution de dividendes non justifiés par des inventaires sincères
et réguliers. Remarquons que la loi ne punit pas la simple
négligence, l'ignorance : elle exige la connaissance de cause,
la mauvaise intention, le dol ; il faudra que les poursuivants
viennent prouver la connivence des surveillants et des gérants.
D'ailleurs aucune solidarité ne lie les membres du conseil de
surveillance entre eux pour les fautes qui peuvent être commises ; chaque individu n'est responsable que de ses faits
personnels : le texte de la loi et sa discussion ne peuvent laisser
aucun doute sur la pensée des législateurs à cet égard. Mais
dans ce dernier cas, il faut que la coopération individuelle de
chacun des membres du conseil soit officiellement établie. Il

sera donc prudent , s'il existe des dissidences d'opinion relativement aux actes qui peuvent entraîner la responsabilité , de constater l'opinion des opposants, pour qu'il soit facile à ceux-ci, lorsqu'un procès en responsabilité sera intenté contre tous les membres du conseil , de repousser l'action quant à eux , en montrant que si l'acte a été commis , il l'a été contre leur gré.

CHAPITRE III.

——

DE LA DISSOLUTION DE LA SOCIÉTÉ.

——

SECTION Ire.

DES CAUSES DE DISSOLUTION.

La société en commandite se dissout par un grand nombre de causes qui varient entre elles par les effets différents qu'elles produisent. Les unes, en effet, la font cesser de plein droit sans qu'il soit besoin d'une constatation judiciaire, et dans ce cas, à l'instant même où elles se produisent, la société n'existe plus, et les associés tombent en simple communauté d'intérêts; les autres, au contraire, ne produisent d'effet que lorsqu'elles sont invoquées par l'un ou plusieurs des associés qui s'appuient sur elles pour baser une demande en dissolution; et alors la société ne cesse d'exister que du moment de la demande ou de celui que fixe le jugement intervenu.

Nous ne parlerons pas d'ailleurs du cas où la volonté de tous les associés est unanime pour dissoudre la société; on reste à cet égard sous l'empire du principe général de l'extinction des obligations, en vertu duquel il est permis de défaire par la volonté ce qui a été créé par elle.

§ Ier.— *Des causes qui opèrent la dissolution de la société
de plein droit.*

1° L'expiration du temps pour lequel la société a été contractée. Quand les parties ont elles-mêmes pris la peine de
fixer le terme auquel leurs rapports devaient cesser, il est de
justice que leur volonté s'observe sans formalité, sans nouvelle
manifestation : *Dispositio facta pro certo tempore, ultra illud
non extenditur.*

2° Quand la société a eu pour but une opération déterminée, la conclusion de cette opération met fin à son existence;
si l'acte indique à la fois un terme de durée et un objet de
négociation si le terme vient à échoir sans que la négociation
soit terminée, la société n'en doit pas moins continuer, parce
que, dans ce cas, la considération du temps n'a été que se-
condaire entre les parties.

3° L'extinction de la chose commune opère également la
dissolution de la société; il n'y a plus de société possible quand
il n'y a plus de fonds commun, le contrat manque de l'un
de ses caractères essentiels.

Mais si une partie du fonds social est perdue, il faut distinguer avec soin de quelle manière cette partie du fonds
avait été mise en société. Si l'apport avait été de la propriété
de la chose perdue, cette perte n'a aucune influence sur
l'existence de la société qui continue de subsister pourvu que
ce qui reste du fonds commun suffise à la spéculation que les
parties ont eu en vue en réunissant leurs intérêts. Toutefois
la convention des parties peut faire résulter la dissolution du
contrat de la diminution du capital social, et l'on stipule

souvent dans l'acte de société que, si l'inventaire annuel accuse une perte du tiers ou du capital social, les opérations communes devront prendre fin. On évite ainsi, en le prévenant, un désastre complet. Lorsqu'au contraire, la partie du capital qui se trouve perdue consiste dans la jouissance d'une chose que l'un des associés avait fournie comme apport, la société se trouve dissoute, parce que la perte de cette chose empêche l'un des associés de remplir ses engagements; il y a dans ce cas, en effet, autant d'apports différents que de perception de fruits; et le jour où celles-ci cessent il n'y a plus d'apport, par conséquent plus de société.

Si la destruction vient à frapper une chose qui n'était pas encore entrée dans le patrimoine de la société mais qu'on avait promis d'y faire entrer plus tard, la société se trouve dissoute par la raison que nous donnions tout à l'heure, à savoir que l'associé propriétaire de la chose détruite se trouve dans l'impossibilité de réaliser son apport. « Lorsque la chose, » disait le tribunat dans ses observations sur le Code Napo- » léon, dont l'un des associés a promis de mettre en commun » la propriété même vient à périr avant que la mise en com- » mun en soit effectuée, la perte de cette chose doit sans doute » opérer la dissolution de la société, cet associé se trouvant » réduit à l'impossibilité de réaliser sa mise. »

4° La mort naturelle de quelques-uns des associés peut aussi dissoudre la société, mais il faut avoir soin de distinguer la qualité des personnes qu'elle vient frapper. Si l'un des commandités par exemple décède, il est naturel que la société finisse, parce que la considération de leur personne a été un élément essentiel du contrat ; mais si la mort vient à atteindre l'un des commanditaires, il faut distinguer si la commandite est simple ou si le capital social a été divisé en actions. Dans le premier cas, la personne et le caractère du commanditaire sont d'une grande importance dans les relations engendrées par le contrat : il est destiné pendant toute la durée des opérations à être appelé aux comptes annuels; aux inventaires, à la détermination des profits et des pertes, la surveillance qu'il a le droit d'exercer peut, être plus ou moins rigoureuse; il ne peut se retirer de la société à son gré, par conséquent son décès entraînera la dissolution de la société. Mais si le capital a été divisé en actions soit nominatives soit au porteur, la mort d'un ou même de plusieurs actionnaires est sans aucune influence sur la durée de la société. L'on est dans ce cas particulier, en présence d'une réunion de capitaux plutôt que d'une association de personnes. Et quand dans une société il est permis à chaque intéressé de se retirer quand bon lui semble en vendant ses actions, il n'y a pas de raison pour que le décès de l'un des associés produise plus d'effets que sa retraite.

En droit romain, la mort de l'une des parties était considérée comme la plus capitale de toutes les causes de dissolution, et l'on considérait comme nulle la convention par laquelle il aurait été stipulé que l'héritier de l'associé prendrait sa place dans la société. Il n'en est plus de même aujourd'hui ; on peut parfaitement convenir que les héritiers des associés pourront les remplacer dans la société, quel que soit d'ailleurs le titre en vertu duquel ils se présentent à sa succession.

Si par hasard les représentants du défunt se trouvent mineurs, il faut distinguer s'ils sont commandités ou simplement commanditaires. Dans le premier cas, pour que la convention puisse recevoir son exécution, il faut que les mineurs soient en âge de faire le commerce et réunissent les conditions voulues par la loi pour leur capacité; mais s'ils sont simples commanditaires, la convention s'exécutera toujours, quels que soient leur âge et leur position.

5° L'interdiction ou la déconfiture de l'un des associés entraînent, d'après les distinctions que nous venons d'établir, la dissolution de la société; des rapports qui entraînent une responsabilité sérieuse ne peuvent plus continuer avec un individu sans intelligence et dépourvu de volonté, pas plus qu'ils ne peuvent subsister avec une personne sans ressources pécuniaires, sans crédit et sans garantie.

§ II. — *Des causes qui peuvent servir de base à une demande en dissolution de société.*

Lorsque le contrat de société garde le silence sur la durée qu'elle doit avoir, elle est censée contractée pour toute la vie des parties, mais la loi accorde à chaque associé le droit de demander la dissolution de la société; on n'enchaîne pas ainsi son avenir sans de graves inconvénients, et le législateur a toujours prohibé ces engagements qui présument trop de la perfection de l'homme et supposent qu'il doit toujours conserver les sentiments qui l'ont déterminé à agir à une époque donnée. Il peut se faire que la diversité de caractères amène dans une société illimitée des discussions fréquentes entre les parties et rende les rapports communs insupportables; aussi la loi permet-elle aux associés de s'affranchir de leurs obligations et de rompre leurs liens.

Il ne faut cependant pas que la faculté dont jouit chaque associé dans ce cas particulier soit un moyen de tromperie et

de fraude ; aussi la loi exige-t-elle comme condition du droit
qu'elle confère, que la renonciation soit faite de bonne foi et
non à contre-temps. Il ne faut pas que l'associé renonce à la
société pour avoir à lui seul le profit que l'on s'était proposé
de retirer en commun. Un pareil acte est entaché de mauvaise foi et doit être frappé d'une nullité relative. Si l'affaire
qui a déterminé le renonçant à agir, se trouve mauvaise contre
ses prévisions, la société pourra bénéficier de la renonciation
et la laisser pour son compte ; si, au contraire, elle est bonne,
elle pourra forcer le renonçant à lui en communiquer les
profits. Il faut encore que la renonciation ne soit pas faite à
contre-temps, c'est-à-dire quand il importe à la société que sa
dissolution soit différée à une époque ultérieure. Si, par
exemple, la société a acheté des marchandises à un cours
élevé et que le prix vienne à baisser, le moment serait mal
choisi pour demander la dissolution puisqu'il faudrait vendre
les marchandises au-dessous du prix de revient et subir une
perte considérable. La renonciation qui surviendrait dans une
pareille circonstance serait donc nulle et sans valeur.

L'associé qui veut se retirer doit notifier sa volonté aux autres associés ; il faut, en effet, qu'il fasse savoir à tous ceux
envers lesquels il est lié qu'il ne veut plus de la convention.
L'omission de cette formalité, à l'égard de l'une des parties,
empêche la renonciation d'être valable, même à l'égard de
ceux vis-à-vis desquels la loi a été observée.

Une observation importante en cette matière, c'est que
tout ce que nous venons de dire relativement à la renonciation ne s'applique pas à celle que pourraient faire les commanditaires, lorsque le capital social est divisé en actions.
L'acte de société, en conférant aux associés le droit de sortir

de l'association en vendant leurs actions, les empêche d'entraîner la dissolution en y renonçant. Les inconvénients qui pourraient résulter du maintien en société d'une personne à laquelle cet état déplaît, se trouvent complétement détruits par la facilité avec laquelle les détenteurs de titres peuvent se retirer en vendant leur part.

La volonté manifestée par plusieurs ou même par un seul des associés de ne plus demeurer en société, n'entraîne la dissolution de celle-ci qu'autant que sa durée est illimitée. Lorsqu'en effet les parties ont réglé la durée du contrat, il est à supposer qu'il a été de leur volonté de rester engagées jusqu'au terme fixé, et, dans ce cas, la règle de l'immutabilité des conventions reprend son empire « *contractus sunt ab initio voluntatis, et postea necessitatis.* »

Cependant la société peut cesser avant le temps fixé, si de justes motifs viennent légitimer la demande en dissolution formée par l'un des associés. Au premier rang de ces motifs, il faut placer l'inexécution des engagements ; c'est une cause de résolution commune à tous les contrats synallagmatiques, qui, si elle provient de la volonté de l'une des parties, peut donner lieu contre elle à une condamnation en dommages intérêts.

On peut ajouter à cette cause : la faillite de l'un des associés, à moins qu'il ne s'agisse d'un actionnaire d'une commandite divisée par actions ; l'infirmité habituelle d'un associé dont la personne et les aptitudes particulières ont été prises en considération pour la formation du contrat, et qui se trouve ne pouvoir plus donner à la société les soins qu'il avait promis ; l'incompatibilité d'humeur chez les associés dont les rapports doivent être journaliers ; une défiance justement encourue contre celles des parties auxquelles les autres avaient confié leurs intérêts et une foule d'autres motifs dont l'appréciation et la portée sont entièrement laissées par la loi à la sagacité des tribunaux.

Dans les sociétés en commandite par actions, le droit de provoquer la dissolution de la société en se fondant sur des motifs allégués, n'appartient pas à tout actionnaire ; la loi de 1856 réserve ce droit au conseil de surveillance, et même celui-ci n'a pas le droit de former directement en justice une action en dissolution : sa mission se borne à convoquer l'assemblée générale qui décide à la majorité s'il y a lieu de demander la dissolution ou non.

SECTION II.

DES EFFETS DE LA DISSOLUTION DE LA SOCIÉTÉ.

L'extinction de la société met fin à l'existence de la personne juridique qui avait été créée par le contrat, et change complétement les rapports qui pouvaient exister soit entre les parties elles-mêmes, soit vis-à-vis des personnes étrangères à la société. Mais c'est surtout à l'égard des associés eux-mêmes que la dissolution produit des effets remarquables et c'est d'eux dont il convient de s'occuper tout d'abord.

§ Ier.—Des effets de la dissolution entre les associés.

La nature des relations établies entre les parties par suite du contrat qu'elles avaient formé se trouve, comme nous venons de le dire, entièrement modifiée par la dissolution de la société. Une simple communauté d'intérêts remplace l'être moral qui existait auparavant; les pouvoirs des gérants cessent et toute négociation nouvelle est interdite. Du reste, ce n'est là qu'un état transitoire, car il est indispensable de procéder au règlement des droits des associés sur l'actif social, mais on n'y peut parvenir sans avoir terminé les affaires communes, vendu ce qui restait en magasin, réglé la situation des débiteurs, compté avec les associés pour leurs apports ou leurs reprises, en un mot sans avoir réalisé l'actif social.

C'est l'objet d'une opération préliminaire que l'on appelle liquidation.

A bien prendre, la liquidation devrait être l'œuvre de tous les associés réunis, puisqu'ils sont tous devenus propriétaires de valeurs indivises, ayant à cet égard des droits respectifs à surveiller et à défendre. C'est là, du reste, ce qui se présente le plus ordinairement dans les sociétés composées d'un nombre restreint d'associés entre lesquels la bonne harmonie n'a point cessé d'exister. Mais dans les associations nombreuses, comme le sont les sociétés en commandite par actions dont le capital est entre les mains de nombreux actionnaires médiocrement intéressés aux affaires communes et retenus par leurs affaires particulières lors du siége social, un pareil état de choses serait intolérable, et il y aurait impossibilité d'agir en commun.

La coutume commerciale a remédié à ces inconvénients en autorisant la nomination de personnes munies des pouvoirs de tous ceux qui ont droit à la copropriété du fonds social, à l'effet de liquider la société. Les liquidateurs peuvent être nommés dans l'acte de société ou lors de la dissolution. Dans le premier cas, la nomination participe de l'irrévocabilité des conventions, les associés ne peuvent les changer à moins qu'ils ne se rendent indignes de la confiance qu'ils leur avaient témoignée ; tandis que dans le second, il sont révocables à la volonté de ceux qui les ont choisis.

L'on peut nommer un ou plusieurs liquidateurs, pris parmi les associés et même parmi les étrangers ; on peut les choisir, soit pour le temps de la liquidation, soit pour un temps limité ; dans tous les cas il peuvent exiger une indemnité pour leurs soins et leur travail, et tous les associés en sont tenus solidairement à leur égard.

Le liquidateur est un mandataire véritable qui doit avant tout conformer sa conduite aux règles qui lui ont été tracées par l'acte qui l'a choisi et ne rien faire au-delà de ce qui lui a été permis ; mais, s'il n'est intervenu aucune convention à cet égard, il se trouve muni d'un pouvoir général à l'effet de dégager l'actif commun des dettes qui le grèvent et de le réaliser. Tout ce qui sort de ce cercle d'attributions lui est formellement interdit. Ainsi, il ne peut sans pouvoir spécial ni transiger, ni compromettre, ni aliéner les immeubles sociaux, ni créer d'hypothèques, parce que pour tous ces actes, un pouvoir spécial est nécessaire. Mais il peut recouvrer les créances, recevoir les fonds et donner quittance, vendre les marchandises qui restent en magasin et négocier les valeurs qu'il possède sur les débiteurs sociaux. Une pareille négociation peut, en effet, être nécessaire s'il n'existe pas de numéraire en caisse, et c'est peut être le seul moyen de réalisation qui soit à la portée du liquidateur pour les fonds que ces titres représentent. Les intérêts communs n'ont, du reste, à redouter aucun dommage d'un pareil acte, car si le liquidateur se rend responsable des paiements en négociant les effets, il n'est jamais tenu, après tout, que de rendre une somme qui lui avait été déjà donnée sans autre perte pour lui que celle de l'escompte.

Vis-à-vis des anciens associés, le liquidateur doit être considéré comme le représentant de la société dissoute. C'est lui qui recevra le compte de gestion des administrateurs et qui leur donnera une quittance valable ; qui dressera le compte de chaque associé avec la société. A l'égard des tiers, c'est lui qui exerce les actions qui appartiennent à la société, qui répond à celles qui sont dirigées contre elle, qui donne ou reçoit les assignations, et c'est contre lui et en son nom que sont rendus les jugements. Il a le droit de prendre des inscriptions, de saisir les meubles et les immeubles et de faire exproprier les débiteurs.

Le liquidateur doit, en entrant en fonctions, dresser un inventaire de toutes les valeurs sociales et remettre des états de situation aux époques qui lui ont été indiquées, ainsi qu'un compte général à la fin de la liquidation. Mais d'un autre côté, s'il a fait des avances, les intérêts lui en sont dus à compter du jour où elles ont été faites ; toutes les pertes qu'il a subies pour l'exécution de son mandat doivent être réparées, et les associés doivent le rendre indemne de tous les engagements qu'il a contractés dans la limite de ses droits.

La liquidation, comme nous l'avons déjà dit, n'est qu'une opération préliminaire qui doit mener au partage de la société selon les droits respectifs des parties. Mais avant de procéder à ce partage, il est nécessaire de déterminer la position de chacun des associés vis-à-vis de l'être moral, afin de fixer avec précision sa part de gain ou de perte. Ces comptes une fois dressés, chacun des associés prélève les choses dont il s'était réservé la propriété, puis l'on forme une masse de tout ce qui appartient à la société en immeubles, meubles corporels, créances de toutes espèces qui n'ont pas été recouvrées pendant la liquidation, ainsi qu'en numéraire. Cette masse une fois composée, on forme des lots du mobilier en mettant autant que possible dans chacun des lots des choses de même valeur. Quant aux immeubles, si la division peut s'en faire en nature, c'est là le mode qui doit être préféré en évitant de morceler les héritages et de diviser les exploitations. Si le partage en nature est impossible, les immeubles doivent être licités dans les formes ordinaires.

Le partage d'une société est régi par les mêmes principes que celui qui intervient entre des cohéritiers. Ainsi il est simplement déclaratif et non pas translatif de propriété; chaque associé est censé avoir été propriétaire des objets compris en son lot du jour même de la dissolution. Les copartageants se doivent mutuellement garantie des troubles et évictions dont la cause est antérieure au partage; enfin on peut demander la rescision de l'acte pour cause de violence ou de dol ou en prouvant une lésion de plus du quart.

§ II. — *Des effets de la dissolution de la société à l'égard des tiers.*

La dissolution de la société, quelle que soit la cause qui l'ait amenée, laisse subsister toutes les actions des créanciers sociaux contre la société; leurs droits demeurent sains et saufs, et ils peuvent les exercer contre les liquidateurs en tant que comptables des valeurs sociales et contre les associés eux-mêmes dans la limite de leur responsabilité.

Mais du moment où la société est dissoute, de nouveaux

engagements ne peuvent plus se contracter en son nom,
parce que son existence est finie et que le néant ne peut ni
acquérir ni s'obliger. Cependant il faut observer que, relativement aux tiers, toutes les fois que la dissolution résulte du
consentement des parties qui vient contrarier la volonté
qu'elles avaient exprimée dans l'acte de société en mettant
fin à leur association avant le terme fixé, elle ne produit
d'effet qu'autant qu'elle a été publiée conformément aux
règles établies pour la publication des actes de société. Si les
formalités de la loi n'ont pas été remplies, l'extinction de la
société est sans effet à l'égard des tiers, et les engagements qui
peuvent leur avoir été souscrits par ceux qui avaient le pouvoir
d'obliger la société pendant son existence, sont entièrement
valables à l'égard de celle-ci.

En règle générale, les changements qui surviennent dans
la condition des débiteurs sont sans influence sur la conser-
vation et la durée des droits du créancier qui n'a pas à s'in-
quiéter d'événements qui lui sont étrangers. L'intérêt du
commerce en a fait décider autrement; du moment, en effet,
où la société est dissoute, chacun des associés s'empresse de
régler ses intérêts pour courir à d'autres affaires; or, il serait
impossible de se livrer à de nouvelles opérations si l'action
résultant de la société durait trente ans. Ces considérations
ont conduit le législateur à abréger la durée de la prescription
ordinaire en faveur des associés non liquidateurs, et à décider que toute action contre eux, leurs veuves, héritiers et
ayants cause seraient prescrites cinq ans après la fin ou la
dissolution de la société, si l'acte qui en énonce la durée et
l'acte de dissolution ont été publiés conformément à la loi,
pourvu toutefois que la prescription n'ait pas été interrompue.

Mais cette courte prescription ne profite pas aux associés liquidateurs en tant que détenteurs des valeurs sociales; à cet égard, l'action des créanciers dure trente ans. Mais si à la qualité de mandataires choisis pour la liquidation, ils joignent celle de membres de la société, les actions que les créanciers peuvent avoir à exercer contre eux comme associés se prescrivent à leur profit également par cinq ans. En acceptant la fonction de liquidateur, il n'a jamais pu entrer dans la pensée d'un associé de prendre ainsi à sa charge toutes les réclamations qui pourraient survenir contre la société après cinq années; ce serait aggraver sa responsabilité à plaisir et ruiner son crédit; de plus, il résulte des principes généraux en matière de société que celui qui paie une dette sociale a son recours contre ses coassociés pour la part de ceux-ci dans la dette; en sorte que, si l'on rendait l'associé auquel la liquidation a été confiée, responsable, au-delà de cinq ans, des dettes de l'association, le recours qu'il exercerait ensuite contre ses coassociés, qui ne pourraient lui opposer le bénéfice d'une prescription faite pour les tiers, obligerait ceux-ci à payer d'une main ce que la loi les dispense de payer de l'autre.

APPENDICE.

—

DES CONTESTATIONS ENTRE ASSOCIÉS.

—

Le contrat de société produit comme tout autre, entre ceux qui l'ont formé, des droits et des obligations respectifs, à l'exécution desquels chacune des parties se trouve engagée rigoureusement. Les rapports sociaux ne sont plus seulement de nos jours des rapports de confraternité ; l'intérêt pécuniaire a trouvé place dans ce contrat, et l'on peut même dire qu'il y joue le plus grand rôle. Par conséquent, il est très-possible que les parties ne puissent pas trouver le moyen de concilier leurs prétentions réciproques, qu'il y ait des contestations sur leurs droits, sur les fautes commises dans l'administration par ceux auxquels elle avait été confiée ; sur la responsabilité des membres du conseil de surveillance dans les commandites par actions.

Le Code de commerce, suivant en ce point l'ordonnance de 1673 qui avait rendu obligatoire une coutume depuis longtemps en vigueur dans le commerce, avait enlevé aux tribunaux consulaires la connaissance des contestations entre associés, à raison de la société, pour l'attribuer à des arbitres. On croyait que des personnes étrangères à l'ordre judiciaire, revêtues de la confiance personnelle des parties, ayant des connaissances spéciales, préviendraient facilement les contestations, ou jugeraient plus rapidement, et à moins de frais et sans bruit, les discussions qui pourraient s'élever, surtout celles relatives à des procédés de fabrication, des comptes embrouillés ou des situations embarrassées. Cependant l'institution de l'arbitrage forcé ne produisit pas tout le bon effet qu'on avait attendu d'elle; on comprit bientôt que cette manière de juger n'offre d'avantages qu'autant qu'elle est complétement dans la volonté des parties, et qu'en l'imposant, on en vicie le caractère. L'expérience démontra qu'au lieu d'accélérer la marche des affaires, l'arbitrage forcé ne faisait que les entraver, et que les tribunaux de commerce composés exclusivement de commerçants sont, autant que les arbitres, disposés à prévenir par des transactions les procès qui s'élèvent devant eux, et que les secrets des procédés de fabrication peuvent aussi bien être gardés par des juges de commerce que par des arbitres.

Toutes ces considérations ont donné naissance à la loi du 17 juillet 1856 qui supprime l'arbitrage forcé en matière de société, et attribue la connaissance des contestations entre associés aux tribunaux de commerce.

Il n'est même pas permis aux associés de stipuler dans leur acte que leurs contestations seront jugées par des arbitres; une pareille convention serait contraire à l'art. 1006 du Code de procédure civile, qui exige, à peine de nullité, que les objets en litige et les noms des arbitres soient désignés dans le compromis. Le discours du rapporteur de la loi ne laisse, du reste, aucun doute sur la nullité d'une pareille convention : « Autoriser les associés, disait M. Rigaud, à s'engager par avance et le plus souvent sans réflexion à faire juger par des arbitres inconnus des contestations ignorées, c'était permettre de rétablir par une convention l'arbitrage forcé désormais effacé de la loi ; nous ne pouvions pas nous rendre coupables d'une pareille inconséquence. »

La loi sur l'arbitrage forcé n'est pas la seule qui soit venue apporter des modifications au Code de commerce relativement aux contestations entre associés ; la loi du 17 juillet 1856 sur les sociétés en commandite par actions trace, elle aussi, des règles nouvelles sur cette matière. Dans ces sociétés, en effet, la présence de tous les propriétaires de titres dans un procès, entraînait des frais et des lenteurs considérables ; l'article 14 de cette loi a eu pour objet de remédier à ces inconvénients et dispose que, lorsque les actionnaires auront à soutenir collectivement et dans un intérêt commun, comme demandeurs ou comme défendeurs, un procès contre les gérants ou contre les membres du conseil de surveillance, ils seront représentés par des commissaires nommés en assemblée générale, lorsque tous les actionnaires seront intéressés au procès, ou nommés en assemblée spéciale, lorsqu'il n'y aura que quelques actionnaires engagés dans le procès. Ces assemblées sont convoquées par les parties ou seulement par l'une d'elles, et la nomination est faite à la majorité des membres qui ont répondu à la convocation qui leur était faite. Enfin, si un obstacle quelconque empêchait la nomination des commissaires, il y est pourvu par le tribunal de commerce sur la requête de la partie la plus diligente.

Les commissaires représentent les actionnaires qui les ont choisis devant la juridiction où est pendante l'action pour laquelle ils ont été institués ; de sorte que s'ils viennent à succomber en première instance, ils n'ont pas le droit d'appeler ou de se pourvoir en cassation sans un nouveau mandat spécial, car ils exposent leurs représentés à de nouveaux frais ; mais s'ils ont obtenu gain de cause en première instance, leur mandat n'a pas besoin d'être renouvelé ; ils ont été dès l'origine de la contestation les seuls adversaires des gérants ou des membres du conseil de surveillance ; ce sont donc eux seuls qui peuvent être intimés sur l'appel ou défendre au pourvoi.

La faculté de nommer des commissaires a été spécialement introduite dans l'intérêt des actionnaires qui, par conséquent, peuvent négliger d'y avoir recours, et venir figurer personnellement dans l'instance ; la loi leur réserve formellement ce droit, mais à la charge de supporter les frais entraînés par leur intervention, quelle que soit l'issue du procès. Ils peuvent l'exercer, soit lorsqu'ayant été convoqués pour la nomination des commissaires, ils n'ont pas voulu confier leurs intérêts à ceux que la majorité avait désignés, soit même lorsqu'ayant concouru à la nomination des commissaires qui ont été choisis par leurs co-intéressés, un fait quelconque dans la conduite de ceux-ci leur fait changer d'avis sur la confiance qu'ils croyaient devoir leur accorder.

QUESTIONS.

DROIT ROMAIN.

1º Les associés particuliers poursuivis par l'action *Pro socio* jouissent-ils du bénéfice de compétence? — Oui.

2º La société contractée avec une personne *sui juris* est-elle dissoute par son abrogation? — Non.

3º Explication de la loi 69 D. *Pro socio.*

4º Les sociétés particulières privées constituent-t-elles des personnes juridiques? — Non.

DROIT FRANÇAIS.

DROIT CIVIL.

1º Un acte de société qui stipule des apports immobiliers doit-il être transcrit? — Oui.

2º Les sociétés civiles sont-elles des personnes juridiques? — Oui.

3º La femme qui épouse un associé a-t-elle une hypothèque légale sur les biens de la société? — Non.

4º La société formée pour l'exploitation d'un office ministériel est-elle valable? — Non.

DROIT COMMERCIAL.

1° La faillite d'une société en commandite entraîne-t-elle de plein droit celle des associés solidaires? — Non.

2° La société en commandite est-elle dissoute par sa propre faillite? — Non. .

3° La prescription quinquennale de l'art. 64 du Code de Commerce, s'applique-t-elle au cas où la société est dissoute après sa faillite? — Oui.

DROIT CRIMINEL.

1° Les juges peuvent-ils réduire la peine portée par l'art. 11 de la loi du 17 juillet 1856, à raison des circonstances atténuantes? — Non.

2° Le gérant d'une société en commandite qui applique à ses affaires personnelles les fonds sociaux, commet-il un abus de confiance? — Oui.

PROCÉDURE.

1° Le tribunal du lieu où est établie une société en commandite, est-il compétent pour connaître de l'action en partage de cette société? — Oui.

2° Le gérant d'une société en commandite a-t-il capacité, à défaut de pouvoir spécial, pour consentir la conversion en vente sur publications judiciaires, de la saisie pratiquée sur un immeuble de la société? — Oui.

DROIT ADMINISTRATIF.

1° L'indivisibilité de l'exploitation d'une mine s'oppose-t-elle à ce qu'un associé puisse en demander la dissolution avant le terme convenu, dans les cas où la loi lui en donne le droit? — Non.

2° L'interprétation des actes passés par l'administration avec une société dans l'intérêt du service public, est-elle de la compétence de l'autorité administrative? — Oui.

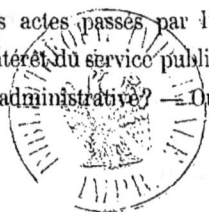

———

POITIERS.—IMP. DE HENRI OUDIN.

www.ingramcontent.com/pod-product-compliance
Lightning Source LLC
Chambersburg PA
CBHW071106210326
41519CB00020B/6190